## अक्षय बहिबाला

अक्षय बहिबाला पुस्तक-विक्रेता, कवि, प्रकाशक और लाइब्रेरी-एक्टिविस्ट हैं। वह वॉकिंग बुकफ़ेयर्स के सह-संस्थापक हैं, जो एक इंडिपेंडेंट बुकस्टोर, पब्लिशिंग हाउस और देश का सबसे लोकप्रिय बुकमोबाइल है। 20 राज्यों में 35 हज़ार किलोमीटर से भी ज़्यादा की यात्रा कर इस बुकमोबाइल ने पढ़ने-लिखने की संस्कृति को बढ़ाया है। अक्षय ने ओड़िया में चार और अंग्रेज़ी में एक किताब 'Bhang Journeys' लिखी है। 'रसभाँग' इसी का अनुवाद है। जब वह भारत घूम नहीं रहे होते, तब भुवनेश्वर में अपनी साथी शताब्दी, दोस्त मालू और उनकी बिल्लियों के साथ रहते हैं।

## व्यालोक पाठक

व्यालोक ने जवाहरलाल नेहरू विश्वविद्यालय और भारतीय जनसंचार संस्थान से पढ़ाई की है। दो दशकों के पत्रकारीय जीवन में उन्होंने देश की बड़ी मीडिया कम्पनियों के साथ काम किया है। घुमक्कड़ हैं, पढ़ने और लिखने के शौक़ीन हैं। उनकी अब तक दो किताबें 'वे 47 दिन' और 'बोहेमियन' प्रकाशित हो चुकी हैं। राजकमल प्रकाशन से उनके अनुवाद में परकाला प्रभाकर की किताब 'नए भारत की दीमक लगी शहतीरें' प्रकाशित है। फ़िलहाल एक मीडिया कम्पनी के लिए पॉडकास्ट करते हैं, फ्रीलांस पत्रकारिता और अनुवाद करते हैं।

# रसभाँग

## अक्षय बहिबाला

अनुवाद
व्यालोक पाठक

राजकमल पेपरबैक्स

SPEAKING TIGER

पहली बार Speaking Tiger द्वारा 2024 में BHANG JOURNEYS :
Stories, Histories, Trips and Travels नाम से प्रकाशित

राजकमल पेपरबैक्स में
**पहला संस्करण :** 2025



**राजकमल पेपरबैक्स :** उत्कृष्ट साहित्य के जनसुलभ संस्करण

राजकमल प्रकाशन प्रा. लि.
1-बी, नेताजी सुभाष मार्ग, दरियागंज
नई दिल्ली-110 002
द्वारा प्रकाशित

**शाखाएँ :** अशोक राजपथ, साइंस कॉलेज के सामने, पटना-800 006
पहली मंज़िल, दरबारी बिल्डिंग, महात्मा गांधी मार्ग, प्रयागराज-211 001
1, अनमोल सोराबजी सन्तुक लेन, धोबी तलाव, मरीन लाइंस, मुम्बई-400 002
वेबसाइट : www.rajkamalprakashan.com
ई-मेल : info@rajkamalprakashan.com

यश प्रिंटोग्राफ़िक्स
नोएडा-201 301 (उत्तर प्रदेश)
द्वारा मुद्रित

**मूल्य :** ₹299

RAS BHANG
by Akshaya Bahibala
*Translated* by Vyalok Pathak

ISBN : 978-93-6086-300-5

धूम्रपान जानलेवा भी होता है और कभी-कभी ठीक भी करता है।
मैं सालों तक नशे में रहा और फिर पगला ही गया।
मुझे प्यार करने वालों, मेरे दोस्तों और परिवार का आभार—
जो कभी इस पागलपन का कारण रहे,
तो कभी उपचार।

पुरी—13 नवम्बर, 1962

भाँग-ट्रिक्स—पीटर की नाक बह रही है और मुझे लगता है कि उसके चेहरे पर माचिस जल रही है। समुद्र तट से दूर चाय की दुकान में...

सूर्यास्त, रेतीले किनारे पर पालथी मारे समुद्र के ऊपर देखते हुए, लहरें ऐसे दहाड़ रही हैं जैसे कारें टकरा रही हों—नीले विस्तार में एक नारंगी वृत्त क्षितिज से इंच-इंच करके नीचे आ रहा है, हरा पानी, मेरी आँखों के सामने, मेरे सिर में [...]

छोटे मन्दिरों की चमक के बावजूद ज़्यादा नहीं लिख सकता... बेहिसाब गाँजा...मैं बिना कोशिश के अपने विचारों पर निगाह नहीं रख पा रहा। चौथा विचार क्या था? एक पूरा दिन यह याद करने की कोशिश की, जैसे सपनों को याद कर रहा हूँ...

—एलन गिन्सबर्ग, *इंडियन जर्नल्स*

# क्रम


**भाँग और गाँजे के साथ मेरे दिन**

बीच रोड की यादें : 1998-2008 11
तीर्थयात्री की प्रगति 17
वापसी 31

**भाँग और गाँजे का रोज़नामचा**

एक ब्राह्मण का भाँग का सरकारी ठेका 39
ओडिशा के आबकारी विभाग द्वारा भाँग की ख़रीद और वितरण 48
नाज़िरख़ाना में भाँग 52
शानदार शर्बत और ठंडई 59
त्रिनाथ मेला 65
भाँग डॉक्टर 77

**बात अफ़ीम की**

अफ़ीम कटर 91
अफ़ीम के लती कार्डधारक 97
अफ़ीम कार्ड रखने वाला सुनार 100
अफ़ीम खाकर हैजा से बची 104

अफ़ीम कार्ड : 'चिकित्सकीय आधार पर अफ़ीम खाने की' अनुमति 107
भारत में अफ़ीम उन्मूलन 109

**गाँजे के खेतों में**

आबकारी अधिकारी का दिव्य ज्ञान 121
मलकानगिरी में एक छापा 130
कोरापुट में एक असफल छापा 142
रायगढ़ 147
गजपति की यात्रा 152
कन्धमाल की यात्रा 159
बौध की यात्रा 169

**पुनर्मूषको भव**

पुरी : 2022 177

*आभार* 195

# भाँग और गाँजे के साथ मेरे दिन

# बीच रोड की यादें : 1998-2008

यह कहानी एक फंडी यानी छोटे-से पुलिस पोस्ट के भीतर शुरू होती है। उसमें अपने दोस्त के साथ मैं ठंडी बियर गटक रहा था। बग़ल में खड़ा पुलिसवाला चिलम बनाते हुए हमें दिलासा दिये हुए था कि मजाल है कोई माई का लाल हमें कुछ बोल भी दे। फिर उसने कहा, 'लाओ, दो-तीन सौ और देना, थोड़ी और बियर लेकर आता हूँ।'

वह पुलिसवाला था, मैं मना भी कैसे करता?

इसी सब में पूरे दस साल निकल गए। रोज़ आप नींद से जागते हैं, ज्वाइंट बनाते हैं, फूँकते हैं। फिर समुन्दर की ओर निकल जाते हैं। वहाँ कुछ दोस्त मिल जाते हैं, नए-पुराने, फूँकने वाले, कभी कुछ गोरे हिप्पी भी। फिर तो ज्वाइंट पर ज्वाइंट, चिलम-दर-चिलम का सिलसिला। थोड़ी बियर या ओल्ड मॉन्क भी। किसी बरगद के नीचे या खुले तट पर उनके साथ पड़े हुए पीना, फूँकना। फिर थोड़ी सफ़ाई। फिर वही चक्र।

ग़लती से एक दिन कैलेंडर पर नज़र पड़ जाती है। अहसास होता है कि लपेटने-फूँकने में हमने जाने कितने बरस गुज़ार दिये।

उन दिनों को याद करता हूँ तो एक औरत की छवि मन में उभरती है। उसे लड़कों के साथ बीच पर धूप सेंकना, ज्वाइंट फूँकना,

बतियाना पसन्द था। वह इन लड़कों में से किसी के साथ भी सो सकती थी, प्यार कर सकती थी। ये उसका शगल था। और मेरा? बस भाँग, गाँजा। और क्या?

भाँग से गाँजा, गाँजे से भाँग। गीले-सूखे के इस चक्कर में मैं अकेला नहीं था।

एक जापानी औरत थी जिसे हिन्दुस्तानी मर्द पसन्द थे। उसने एक मछुआरे से शादी कर ली। दोनों गाँजे में सन्न पड़े रहते थे। शादी करने की और वजहें भी रही होंगी, पर इससे बदतर ही।

एक और जापानी था। भाँग और गाँजे में ऐसा फँसा पड़ा था कि लगातार झपकती हुई पलकों में उसे पूरी दुनिया हरी दिखाई देती थी। एक सुबह उसकी आँखों में पानी था। पता चला उसकी हरी-भरी दुनिया में कोई लुटेरा छुपा बैठा था जो आधी रात उसके पैसे लेकर कट लिया।

एक अंग्रेज़ बाइकर भी होता था, भारी-भरकम। उससे धीरे-धीरे परिचय बढ़ा था। पुरी के शुरुआती दिनों में वह अंग्रेज़ी स्वान तम्बाकू में गाँजा मिलाकर पीता था। छह महीने बाद जब पैसा ख़त्म हो गया तो बीड़ी में भरकर फूँकने लगा। फिर उसे वापस जाना पड़ा। लेकिन उसके पास एक योजना थी, अभी वह अगले छह महीने अपने ठंडे देश में सिक्योरिटी गार्ड की नौकरी करेगा, कुछ पैसे जुटाएगा, फिर छह महीने के लिए वापस पुरी आ जाएगा। इसी तरह उसकी ज़िन्दगी कट जाएगी।

एक और गोरा मिला था, बच्चेबाज़ था। उसे चिकने लौंडे पसन्द थे। वो उन्हें गाँजा पिलाता, उनके लिए दारू पार्टियाँ करता। हर साल वह पुरी आता था। एक दिन किसी नाबालिग़ के साथ यौनाचार के

चक्कर में किसी और की गिरफ़्तारी हो जाती है। फिर पुरी उस गोरे के लिए महफ़ूज़ जगह नहीं रह जाती।

एक जर्मन मिला था। उसे यहाँ की एक औरत से ज़बरदस्त प्यार था। वह उससे शादी करना चाहता था। वो औरत रोज़ बीच के पास वाली रेलवे क्रॉसिंग को पार करती थी, तो पट्ठा जलती दुपहरी में कच्छा पहने रेलवे पटरी की सफ़ाई करने लग जाता था ताकि उस औरत के दीदार हो सकें। फिर आधी रात वह होटल का अपना कमरा पानी और कीटनाशक से साफ़ करता था, क्योंकि उसके हिसाब से कमरा गन्दा होता था। फिर भोर में गाँजा फूँककर वायलिन बजाता था।

एक इटैलियन मिला था। उसने मुझे किसी महँगे रेस्तराँ में खाने की पेशकश की थी। वह समलैंगिक था। हमने साथ पिया, साथ ही फूँका। वह मुझे बिस्तर तक ले जाने की फ़िराक़ में था। मैं साफ देख पा रहा था। खाने-पीने के बाद मैं कट लिया। उसने फिर कभी दोबारा मुझसे कुछ नहीं कहा। हाँ, जब भी उसने बाद में मुझे देखा, उसकी मुस्कुराहट ऐसी रही गोया उसने मुझे माफ़ कर दिया हो।

एक फ्रेंच औरत याद आती है। वह ध्यान लगाने के लिए भाँग पीती थी और वज़न घटाने के लिए गाँजा। एक दिन वह नशे में समन्दर के तट पर ही यौन-क्रिया करना चाहती थी। एक नौजवान ने मौक़ा देखकर उसे लपेट लिया। तभी कुछ लड़के वहाँ आए, उन्होंने दोनों को ऐसा धमकाया कि डर के मारे वह अधनंगी ही भाग खड़ी हुई। नौजवान की पिटाई तो होनी ही थी। लड़कों की कुंठा थी कि उस नौजवान ने ही मौक़े का फ़ायदा कैसे उठा लिया, कैसे उसने हमारी महान भारतीय संस्कृति को चोट पहुँचाने की हिम्मत की!

एक इज़रायली औरत थी। उसे बड़ी चिलम फूँकना पसन्द था। बीसों मर्द उसे घूरते रहते थे और उसे पीता देख सबकी बोलती बन्द हो जाती थी। आधी रात को किसी मँजे हुए उस्ताद की तरह वह चिलम साफ़ करती और कोकाकोला की बोतलों, चॉकलेट के रैपरों और पपीते के खोखल से वाटर-बॉङ (हुक्के की तरह का, लेकिन छोटा और पोर्टेबल पात्र) बनाती थी।

एक गँजेड़ी स्विस औरत थी जो एक साथ दो मर्दों के साथ सोई थी और कमरे में मौजूद तीसरा मर्द उसे रिकॉर्ड कर रहा था। बाद में तीसरे आदमी ने उसे ब्लैकमेल किया था।

एक रूसी औरत थी जो दूसरों को कृष्णा कहकर बुलाती थी। वह मन्दिर का प्रसाद तो देती ही थी, दक्षिणा में पचास का नोट भी देती थी। सामने वाला सन्न रह जाता था।

एक और कृष्ण-भक्तिन इटली की थी। माया नाम था उसका। वह कृष्ण भजन गाती थी और गाँजा फूँकती थी। यही सब करते-करते एक दिन वह पागल हो गई। उसे पुनर्वास (रीहैब) में ले जाना पड़ा।

ऑस्ट्रिया का एक नौजवान इंजीनियर रिकी भी पुरी आया था। उसे भी पीना और फूँकना पसन्द था। वह एक सब्ज़ीवाली के प्यार में पड़ गया, उससे शादी बनाई और बच्चा किया। उसने एक छोटा-सा कैफ़े खोलने की कोशिश की थी जिसे कुछ स्थानीय गुंडों ने तोड़ डाला। बाद में खुली सड़क पर उसकी जली हुई लाश बरामद हुई। कोई बचाने वाला नहीं था। बताते हैं कि लोकल पुलिस ने ही उसे कहीं फूँक डाला था। जब परिवार उसे खोजता हुआ यहाँ आया तो उन्हें वह एक घिसे हुए मटके में राख की शक़्ल में बरामद हुआ।

रिकी मुझे बहुत याद आता है। वह कंप्यूटर का जीनियस था। शायद उसी ने बीच रोड पर पहला इंटरनेट कैफ़े खोलने में मदद की थी। उन दिनों इंटरनेट बहुत धीमा चलता था। उसे डायल-अप कनेक्शन कहते थे। पुरी में कंप्यूटर की एक भी दुकान नहीं थी। किसी भी दफ़्तर में कंप्यूटर नहीं होता था। हर काम हाथ से किया जाता था।

रिकी के साथ एक और अंग्रेज़ याद आता है। वह कहता था कि आने वाले वर्षों में कंप्यूटर और इंटरनेट पूरी दुनिया को बदल देंगे। मुझे उसकी कोई बात समझ नहीं आती थी। मैं बस सिर झुकाकर हाँ-हाँ करता रहता था, लेकिन वे दोनों मेरे पहले कंप्यूटर-शिक्षक हुए। रिकी को शुक्रिया कहने के लिए इससे ज़्यादा शब्द मेरे पास नहीं हैं।

सुनसान सड़कों पर मरने वाला वह इकलौता नहीं था। कई और थे। अकसर ही ऐसी बातें सुनाई देती थीं। कुछ को आप जानते भी होते थे। वो जो गँजेड़ी स्विस औरत थी, एक रात टहलने निकली और बीच सड़क पर गिरकर मर गई। उसका अन्तिम संस्कार हिन्दू रीति-रिवाज से किया गया। उसके परिवार को कभी पता ही नहीं चल पाया। स्विस एम्बैसी को भी कोई ख़बर नहीं हुई। वह थी, फिर एक दिन वह नहीं रही। बस, इतना ही।

~

दस साल मेरी उँगलियों से रेत की तरह फिसल गए। पुरी के बीच रोड पर बीते इन दस वर्षों में मैंने एक नोटबुक रखी, जिसमें जहाँ-तहाँ कुछ दर्ज करता रहा। ये टुकड़े उसी नोटबुक से हैं। बीच रोड क्षेत्र को हिप्पी और शुरुआती बैकपैकर्स ने गुलज़ार किया था। एक समूह आ रहा है,

दूसरा जा रहा है। इंटरनेट की सुलभता के बाद सड़क पर बहुत भीड़ हो गई। लोग लॉग-इन कर रहे थे, एक ही समय में आ भी रहे थे, जा भी रहे थे। अचानक, वहाँ उड़ती नज़रों वाले ऐसे सैलानी आ गए जो वहाँ रह जाने का, कुछ भी हाथ से जाने देने का जोखिम नहीं उठाते। वे जो एक साल भी रेत की तरह अपनी उँगलियों से नहीं फिसलने देते। उनके बारे में मुझे कुछ नहीं कहना है। जो भी हो, मैं तब तक आगे बढ़ चुका था।

# तीर्थयात्री की प्रगति

यह 1992-93 की बात है। मैं मिडिल स्कूल में था या शायद हाईस्कूल में, लगभग तेरह साल का। एक दोस्त के साथ मैंने स्कूल से उड़ान भरी और पहली बार बीच रोड पर आया। सड़क हमारी गली से कुछ दूरी पर थी और हिप्पियों के अलावा वहाँ कोई नहीं जाता था। हमने उन्हें दूर से देखा था, सफ़ेद शरीर, अर्द्धनग्न, धूप में लेटे हुए। यह लगभग ज़रूरी-सा ही हो गया था कि हम वहाँ उनको क़रीब से देखने के लिए जाते।

समुद्र तट पर दो युवतियाँ सोई हुई थीं। उनका कमर से ऊपर का हिस्सा खुला था। मुझे याद है कि उनमें से एक के निप्पल बहुत उभरे हुए थे और आसमान की ओर तने थे। औरत के नग्न शरीर से यह मेरी पहली मुलाक़ात थी। उसके बाद, एक स्कूली बच्चे के तौर पर मैं इन 'विदेशियों' से मिलने और डाक टिकट व सिक्के इकट्ठा करने के लिए समुद्र तट पर वापस आता रहा। मैंने स्कूल में थोड़ी अंग्रेज़ी सीखी थी, और मैं किसी तरह उनसे बात करने में कामयाब रहा। मुझे अहसास हुआ कि उनमें से कुछ मेरी तरह ही बहुत ख़राब अंग्रेज़ी बोलते थे। मुझे पता चला कि दुनिया में और भी कई भाषाएँ हैं। उनकी भाषाओं ने मुझे आकर्षित किया। उनके नंगे बदन ने मुझे मोहित कर लिया। मैं

बार-बार वहाँ वापस गया। इस बीच रोड ने मुझे आकर्षित किया, और मुझे यह बहुत पसन्द आया। मैं एक तीर्थयात्री था।

1996 में स्कूल ख़त्म करने के बाद, मैंने पुरी और समुद्र तट को छोड़ दिया और कुछ वर्षों के लिए कॉलेज चला गया, लेकिन समुद्र तट मुझे बुलाता रहा। मैं अपनी परीक्षा के बाद बीच रोड पर वापस आता था और लोगों से मिलता था, बैठकर बात करता था। यहीं से मैंने धूम्रपान और शराब पीना सीखा।

हिप्पी मेरी प्रेरणा थे। उन्होंने मुझे अपनी स्नातक की पढ़ाई अधबीच छोड़ने और अपने दम पर दुनिया को झेलने की ताक़त दी; वह करने की ताक़त जो मैं जीवन में करना चाहता था; मुक्त होने के लिए। मुझे तब नहीं पता था कि उनकी दुनिया मेरी दुनिया से बहुत अलग थी। अगर मुझे पता होता तो मैं क्या करता? मुझे नहीं पता। मैं शायद झुक जाता और वही करता जो हर कोई मुझसे करवाना चाहता था। अज्ञान कभी-कभी आनन्द देता है। और इसलिए, 1999 में, मैं गोवा भाग गया।

मैंने पुरी में समुद्र तट पर गोवा के बारे में सुना था। मैंने सोचा कि मुझे केवल गोवा जाने की ज़रूरत है, समुद्र तटों पर घूमना है और आज़ादी मुझे ख़ुद ढूँढ़ लेगी। अफ़सोस, चीज़ें उस तरह से नहीं निकलीं। मैंने विभिन्न होटलों और रेस्तराँओं में रिसेप्शनिस्ट और वेटर के रूप में काम किया। मुझे नहीं पता था कि वेतन इतना मामूली होगा और आपके नियोक्ता और मेहमानों द्वारा भी आपके साथ बहुत बुरा व्यवहार किया जाएगा।

मैं अपने गृहनगर पुरी वापस आ गया। वैसे भी मेरी शिक्षा अभी पूरी नहीं हुई थी। समुद्र तट ही मेरा विश्वविद्यालय था।

बीच रोड की सबसे बड़ी संस्थाओं में से एक संस्था थी भाँग की सरकारी दुकान। पुरी के हिप्पी समुद्र तट पर आने वाला हर विदेशी इस संस्थान का दौरा करता था। यह ऐसा था, जैसे सरकारी भाँग की दुकान एक पुस्तकालय हो। आपको नई चीज़ें सीखने और नई कहानियाँ पढ़ने के लिए हर दिन वहाँ जाना पड़ता था। सभी लोग सरकारी भाँग की दुकान पर आते थे। पर्यटक, दलाल, उचक्के, घुमक्कड़, सैलानी, अध्येता—सब।

और मैं भी।

मैंने भी सरकारी भाँग की दुकान में प्रवेश लिया। इस दुकान में आप अपना हाथ दुकान के सामने बने एक छोटे से मोखे से डालते हैं जो लकड़ी के तख़्तों से घिरा होता है। आप पचास रुपये का नोट देते हैं, और गाँजे का एक तोला माँगते हैं। तख़्तों के पीछे वाला आदमी इसे पुराने अख़बार में लपेटकर आपको सौंप देता है। यदि आप उस लड़के को अच्छी तरह से जानते हैं, तो वह भाँग की दुकान का छोटा दरवाज़ा खोल देगा और आप उसके साथ जाकर बैठेंगे, चिलम से कुछ कश लेंगे, और सबसे अच्छी कलियों का चयन करने में अपना समय बिताकर ख़ुश होकर बाहर आएँगे।

दुकान में भाँग के पौधे की सूखी पत्तियाँ बेची जाती हैं, जो क़ानूनन सही है। यहाँ गाँजा-भाँग के पौधे की सूखी कलियाँ और फूल भी बेचे जाते हैं जो अवैध है। भाँग को आम तौर पर पेय के रूप में लिया जाता है—लस्सी या ठंडाई के रूप में—या पेस्ट के रूप में एक छोटी गोली के तौर पर इसे खाया जाता है। गाँजा पिया जाता है—चिलम, बीड़ी और सिगरेट में।

सरकारी भाँग की दुकान के पास छोटी पुलिस चौकी भी है, लेकिन काउंटर के पीछे अवैध गाँजा बेचनेवाला आदमी इससे परेशान नहीं होता है। कई पुलिस कांस्टेबलों ने मेरे साथ सड़क पर गाँजा पिया है, ऐसा उन्होंने कई अन्य लोगों के साथ भी किया है। कुछ कांस्टेबल अच्छा गाँजा नहीं मिलने की शिकायत करते और फिर आप जो भी पी रहे हो, वही ख़ुशी से साझा करते, फिर उनकी टिप्पणी होती, 'मुझे पता है कि आपके पास हमेशा अच्छा माल रहता है।' कभी-कभी, वे आपसे यह भी पूछते कि क्या आपके पास चरस का एक टुकड़ा है? चरस लेकिन, जुगाड़ना मुश्किल है। मैंने भी कोशिश की, लेकिन समय रहते ख़ुद को वापस खींच लिया। आत्म-संरक्षण की आदिम प्रवृत्ति ने ही शायद मुझे बचाया होगा, ऐसा मुझे लगता है।

मेरा नशा गाँजा था।

मैंने शुरुआत धीमे और आसान तरीक़े से की।

सबसे पहले, दिन में एक या दो बार चिलम या एक ज्वाइंट। आप पहली बार में हल्का और ख़ुश महसूस करते हैं, सभी चिन्ताओं को भूल जाते हैं। धीरे-धीरे, यह ख़ुशी एक आदत बन जाती है। आप अपनी ख़ुद की एक छोटी-सी दुनिया में रहना शुरू कर देते हैं, भारहीन, केवल मीठे धुएँ से भरी एक दुनिया।

फिर आप सप्ताह में एक बार सरकारी भाँग की दुकान से गाँजे का एक तोला (लगभग 10 ग्राम) लेने लगते हैं।

फिर दिन में एक बार गाँजे का एक तोला। फिर सुबह एक तोला और शाम को एक तोला।

अब आपकी दिनचर्या कुछ ऐसी होती है : आप जगे। एक ज्वाइंट

पिया। स्नान किया। बीच रोड पर पैदल या अपनी बाइक पर सरकारी भाँग की दुकान तक गए। 50 रुपये में एक तोला खरीदा। भाँग की दुकान के सामने एक ज्वाइंट लपेटा, वहीं पिया। एक ज्वाइंट ऑटोरिक्शा में शिव के साथ, एक चाय की दुकान के बग़ल में सड़क किनारे खड़े बुलु के साथ, एक ताड़ के पत्तों से बनी समुद्र तटवाली झोंपड़ी की छाया में जिमी नामक विदेशी के साथ, एक सूर्यास्त के समय त्रिनाथ मन्दिर के बरामदे में बरगद के पेड़ के नीचे सिपू के साथ। फिर प्यास लगती है। एक कप चाय, एक गिलास पानी, कभी-कभी बिस्कुट का एक छोटा पैकेट या केक का एक टुकड़ा। इधर-उधर का थोड़ा खाना। फिर कुछ फ्रांसीसी महिलाओं के साथ एक और ज्वाइंट, एक रेस्तराँ में शाम को एक जापानी के साथ, जो हमेशा उसी रेस्तराँ में मिलता है। देर रात तक कुछ इज़रायली पर्यटकों के साथ चिलम के कुछ दौर। अच्छी तरह से नशा चढ़ जाए तो, आप कमरे में लौटे। एक और ज्वाइंट बनाया। फ़र्श पर पड़े गद्दे पर सो गए। ये सब कुछ अक्सर पर्यटकों द्वारा ही भुगतान किया जाने वाला सामान होता है, इसके लिए उन्हें कोई सेवा प्रदान नहीं की जाती है। कभी-कभी, आप गाँजा और शराब ख़रीदने के लिए दोस्तों और परिवार वालों से पैसे माँगते हैं।

एक और दिन शुरू होता है : देर सुबह, बीच रोड पर वापस। कुछ हिप्पियों के साथ एक मेज़ पर बैठे हुए एक रेस्तराँ में बॉब मार्ले को सुनें। भाँग के बिस्कुट साझा करिए, खाइए और साथ में गाइए : 'नो वुमन, नो क्राय।' सभी नशे में धुत्त, मत्त, बेहंगम।

~

मैं बीच पर बिताए प्रत्येक दिन और रात की सभी कहानियों को बताने में रुचि नहीं रखता, न ही इसके लिए आपके दिन और महीने लेने जा रहा हूँ। मैं आपको केवल दो घटनाओं के बारे में बताता हूँ, बाक़ी कहानियाँ किसी और दिन।

## गाँजा, मैजिक मशरूम, जेल

यह 2007 के आसपास की बात है। मैं सिगरेट पीता हुआ, बीच रोड पर बैठा कुछ भी नहीं कर रहा हूँ, वर्षों से मेरी यही दिनचर्या है। गाँजे ने पहले ही मेरे दिमाग़ पर मकड़जाल बुनना शुरू कर दिया है और कहीं से मेरे मन में एक ज़रूरी विचार आता है कि मुझे बीच रोड छोड़ देना चाहिए। मुझे यही करना चाहिए।

मैं उठता हूँ और उन लोगों से पैसे माँगना शुरू करता हूँ जिनके साथ मैं समुद्र तट पर हूँ। अगले कुछ दिनों, मैं यही करता रहता हूँ—उन विदेशियों से पैसे उधार लेता हूँ जिन्हें मैं जानता हूँ, दोस्तों से, यहाँ तक कि क़रीबी रिश्तेदारों से भी, उन्हें बताता हूँ कि मैं काम करना चाहता हूँ और सिगरेट-शराब पीने की गन्दगी छोड़ देना चाहता हूँ। मैं ट्रेन लेता हूँ और दक्षिण भारत की ओर रुख़ करता हूँ। वहाँ घूमता हूँ। गाँजे के नशे से बोझिल दिमाग़ और वैसी ही एक दोपहर में हम्पी की एक तस्वीर के सिवा मुझे ज़्यादा कुछ याद नहीं है : पहाड़ियाँ और नदी का किनारा विदेशियों से भरा हुआ था और मन्दिर के खँडहर और एक बड़े आम के पेड़ के नीचे एक रेस्तराँ, एक पहाड़ी की चोटी पर धूप में भीगा मन्दिर, और नदी तट पर केले का एक बड़ा बागान—सभी

झिलमिलाते-से, धुँधले से। कभी-कभी मैं नौकरी की तलाश करने और इस विचार पर बने रहने की सोचता हूँ, और फिर मैं ख़ुद से कहता हूँ कि परेशान नहीं होना। पर्यटकों से मिलना, गाँजा पीना, मत्त रहना और कुछ भी नहीं करना आसान है। मुझे लगता था, मैं उनके साथ उनके देश चला जाऊँगा जहाँ मैंने सुना था कि चीज़ें बेहतर हैं...।

एक सप्ताह या उससे अधिक समय तक मत्त हो यात्रा करने के बाद, अपने पास मौजूद आख़िरी पैसे के साथ मैं कोडाइकनाल पहुँचा। हालाँकि, मैंने पहले ही पुरी में अपने बीच रोड, पिता के घर, सरकारी भाँग की दुकान और कुछ भी नहीं करने के आसान जीवन में वापस जाने का फ़ैसला कर लिया था, लेकिन इससे पहले मैं कोडाइकनाल पर एक नज़र डाल लेना चाहता था।

एक स्थानीय ऑटो चालक ने मुझे चारों ओर घुमाया। उसने मुझे शहर के बीच में झील और डॉल्फ़िन नोज़ नामक पहाड़ी पर सुसाइड पॉइंट और देवदार के जंगल दिखाए, और फिर उसने मैजिक मशरूम (जादुई मशरूम) के बारे में बताया।

गाँजा पीकर मैं पहले से ही भंड (हाई) था, मैंने अपने पैसे का आख़िरी हिस्सा अपने बीच रोड के दोस्तों को उपहार के रूप में देने के लिए लगभग एक किलोग्राम जादुई मशरूम ख़रीदने में ख़र्च कर दिया।

बाद में शाम को मैंने एक ऑमलेट में मैजिक मशरूम का एक बड़ा हिस्सा मिलाया और उसके साथ गाँजा भी फूँका। सस्ती काली रम भी पी।

जादुई मशरूम, गाँजे और रम ने मिलकर मुझे इतना भंड कर

दिया कि मैं कोडाइकनाल की ठंडी, बेहद ठंडी रात में उस छोटे लॉज की छत पर सितारों की तलाश करने लगा। मैं पूरी रात सो नहीं सका। सुबह हुई तो मुझे एहसास हुआ कि मेरे पास पर्याप्त पैसा नहीं है, इसलिए मैंने अपनी मौसी द्वारा मुझे दिया गया हाथी दाँत का लटकन बेच दिया। मेरी मौसी के ससुर ने उसे हाथी दाँत का टुकड़ा दिया था; यह उनके गाँजा काटने वाले चाकू के हैंडल से निकाला गया हाथी दाँत का टुकड़ा था।

फिर मैंने कोडाइकनाल से अपना घर-वापसी का टिकट ख़रीदा। दो दिनों बाद मैं अपने प्यारे बीच रोड और सरकारी भाँग की दुकान पर वापस आ गया था। उसी शाम, मैंने अपने दोस्तों को अपना जादुई मशरूम उपहार में दिया।

हम अपने एक दोस्त, समीर, द्वारा संचालित एक स्थानीय रेस्तराँ में एकत्र हुए। हमने मशरूम को साफ़ किया, जो पुराने अख़बार के एक टुकड़े में लिपटा हुआ था। फिर समीर ने उसे काटकर आमलेट बना दिया। उसने कहा कि वह भाँग की एक गोली भी इसमें मिला देगा और हँस पड़ा। हमने गाँजा पीते और पिंक फ़्लॉइड को सुनते हुए उसकी मदद की।

जब ऑमलेट लगभग तैयार हो गए, तो एक और दोस्त, जमीर, एक युवा ब्रिटिश लड़के के साथ रेस्तराँ में आया, जो पहली बार बीच रोड पर आया था और पहली ही बार अकेले अपने देश से बाहर यात्रा कर रहा था।

जमीर ने उसे हमारा परिचय ऐसे दोस्तों के रूप में दिया जो हमेशा मस्ती करना पसन्द करते हैं।

'अगर आपको ड्रग्स की ज़रूरत है तो वे मुहैया करा देंगे,' उसने हमारी चिलम और गाँजे के भंडार की ओर इशारा करते हुए कहा।

जमीर और ब्रिटिश लड़का हमारे बग़ल में एक मेज़ पर बैठे थे और हमने उनके साथ अपना गाँजा और जादुई मशरूम साझा किया। हम देर रात रेस्तराँ से निकले। अगली सुबह, मैं अपनी माँ से मिलने गया, जो पास के गाँव में रहती थी और वहाँ कुछ दिन बिताए।

जब मैं बीच रोड पर वापस आया, तो मुझे बताया गया कि समीर और जमीर को उस व्यक्ति ने बुरी तरह पीटा था, जो उस होटल का मालिक था जहाँ ब्रिटिश लड़का ठहरा था। उसने अपने लोगों को उन्हें पीटने के लिए भेजा था, उसने उन पर ब्रिटिश लड़के को हार्ड ड्रग्स देने का आरोप लगाया था। अब दोनों जेल में थे, अंग्रेज़ द्वारा दर्ज कराई गई एफआईआर के आधार पर।

जल्द ही, सड़क पर यह हल्ला हो गया कि अगर पुलिस मुझे बीच रोड पर पाती है तो वह मुझे भी गिरफ़्तार कर सकती है।

अगले दिन, कुछ दोस्तों और मैंने समीर और जमीर के साथ जेल में एक मुलाक़ात की व्यवस्था की। जमीर डर गया था और रो रहा था। उसने मदद माँगी, रोते हुए हमसे भीख माँगी कि हम उसे किसी तरह जमानत पर बाहर निकाल लें। हमने समीर को गाँजा और दोनों को कुछ खाना देने के लिए एक जेल गार्ड को रिश्वत दी। गाँजा और खाना हम अपने साथ लाए थे।

इस बीच, वह ब्रिटिश व्यक्ति शहर छोड़ चुका था। किसी ने उसे फिर कभी नहीं देखा। वह ग़ायब हो गया था। हो सकता है कि वह इंग्लैंड वापस चला गया, या किसी अन्य विदेशी गंतव्य की तरफ़ उड़

गया, जहाँ उसे अपने ख़ुद के कारनामों का दोषी बनाने के लिए कुछ दूसरे ग़रीब मिलेंगे।

समीर और जमीर को एक महीने से अधिक जेल में रहना पड़ा था।

इस दौरान बीच रोड पर हमेशा की तरह कारोबार चल रहा था, और वहाँ के रहवासियों को सरकारी भाँग की दुकान में पहले की तरह ही आसानी से अपनी पसन्द का नशा मिल रहा था।

**बिनायक क्लब के लड़के**

एक दिन मैं पुरी में अपने पिता के घर में लोगों के चिल्लाने की आवाज़ से जागता हूँ। वे लोग युवा, किशोर या उम्र के दूसरे दशक में प्रविष्ट बच्चों की तरह लग रहे हैं।

'मादरजात, बाहर आओ! हम आज तुम्हें ख़तम करेंगे।'

मैं बीती रात बहुत देर तक बाहर रहा था और पिछली रात की मुझे बस धुँधली-सी याद थी।

'बाहर आओ, और देखो हम तुम्हारे साथ क्या करते हैं!'

वीरता का बेहतर हिस्सा विवेक होता है, मैं यह जानता था सो मैं घर से बाहर निकल गया और बग़ल में अपनी मौसी के घर चला गया। यह मेरी माँ की बड़ी बहन थी। मैं वहाँ एक कमरे में बैठ गया।

बाहर : 'कायर, बाहर आओ, और हम तेरे अंडकोष काटकर तेरी नाक पर लगा देंगे।'

पड़ोस से कोई मेरी मौसी के घर में मुझे ढूँढ़ते हुए आया। वह उत्साहित था, घबराया हुआ भी था, और उत्सुक भी था।

'तुमने क्या किया है? बिनायक क्लब के लड़के आए हैं। तलवार, चाक़ू, लाठी के साथ! एक के पास तो बन्दूक़ भी है।'

मेरी जो मत्त अवस्था थी, उसमें मुझे उसका चेहरा बहुत बड़ा लग रहा था, और मेरी नज़र धुँधलाई जा रही थी।

'बाहर मत जाना, क्या तुम मुझे सुन रहे हो? बस यहाँ से भाग जाओ। वे तुम्हें मारने आए हैं। भाग जाओ नहीं तो वे तुम्हें मार देंगे। ऐसा मत सोचो कि वे ऐसा नहीं करेंगे। उन्होंने कुछ महीने पहले तुम जैसे ही उस लड़के को मार डाला। और पान की दुकान वाला आदमी? याद रखो कि हमले के बाद अस्पताल में महीनों तक उसने अपने जीवन के लिए कैसे संघर्ष किया? वह अब भी ठीक से बात नहीं कर पाता। यहाँ कोई भी तुम्हारी मदद नहीं कर सकता, हर कोई उनसे डरता है। बस चले जाओ'—उसने फिर ज़ोर देकर कहा।

बाहर शोर तेज़ हो गया।

'चलो, कमीने, अपना चेहरा दिखाओ! हम तुम्हारे लिए तैयार हैं। तुम आज बच नहीं पाओगे।'

मैं डर से काँप रहा था। मैं बस एक जॉइंट चाहता था, लेकिन मेरे पास कुछ भी नहीं था। अगर मेरे पास कुछ होता भी, तो मैं अपनी मौसी के घर के अन्दर तो नहीं ही फूँक सकता था। मैं बाहर भी नहीं निकल सकता था। धूम्रपान के बिना, मैं अपना दिमाग़ संयत और संगत नहीं रख पा रहा था।

एक पागल पल के लिए, मैंने पुलिस को फ़ोन करने के बारे में सोचा, लेकिन मुझे पता था कि स्थानीय चेक पोस्ट मेरी कॉल का जवाब नहीं देगा। वे मुझे गिरफ़्तार भी कर सकते थे। मुझे अब वह कांड याद

आ गया था कि मैंने अपने दोस्त सिपू के साथ एक रात पहले क्या किया था? और इसीलिए, मैं जिस कमरे में था, उसके एक कोने में एक भयभीत जानवर की तरह दुबक गया। डर से लकवाग्रस्त लेकिन हिंसक तौर पर काँपता हुआ।

जो हुआ था क्या उसका दोष आप मुझे देंगे? मेरी गली में बिनायक क्लब चलता है। वह केवल पुरुषों के लिए है। लड़के वहाँ पुरुष बनने के लिए जाते हैं। वे व्यायाम करते हैं, बॉडी बिल्डर बनना चाहते हैं। कुछ दिन भर बैठे रहते हैं, ताश और कैरम खेलते हैं और शाम को शराब-गाँजा पीते हैं, गाली बकते हैं। और, साल में एक बार एक सांस्कृतिक कार्यक्रम आयोजित करते हैं, जहाँ वे संगीत बैंड बुलाते हैं, लड़कियों को प्रसिद्ध बॉलीवुड गानों पर नचवाते हैं। वे साल में एक बार गणेश चतुर्थी के आसपास गणेश पूजा का आयोजन भी करते हैं और चुनाव के दौरान अधिक पैसा देनेवाले राजनीतिक दलों के लिए प्रचार करते हैं। वे लगभग हर रात दावत देते हैं और महिलाओं से दूर रहते हैं।

वे चन्दे के ज़रिये पैसा उगाहते हैं। वे एक सुरक्षा रैकेट भी चलाते हैं और पैसों के बदले अपने इलाक़े के दुकानदारों को सुरक्षा देते हैं। अगर कोई विरोध करता है, तो बाहुबली अपने लोहे के डंबल छोड़कर उसकी तुड़ाई करने में लग जाते हैं। उनका दावा है कि वे आपके शरीर की हर एक हड्डी को कुछ ही मिनटों में तोड़ सकते हैं। वे प्रत्येक प्लॉट या घर की बिक्री पर कमीशन भी खाते हैं। वे ईंटें ले जाने वाले ट्रकों को रोकने और हर बार जब वे सड़क से गुज़रते हैं तो कुछ ईंटों को 'दान' के रूप में उतारने के लिए कुख्यात हैं।

आप या तो बिनायक क्लब के साथ हैं या आप उनके दुश्मन हैं। मैं क्लब का सदस्य नहीं था और न ही मैंने कभी उनकी किसी भी गतिविधि में भाग लिया था, यहाँ तक कि उत्सव के अवसरों पर भाँग पीने के लिए भी नहीं। मुझे तब पता नहीं था, लेकिन बिनायक क्लब के नेता की नज़र मेरे पिता की सम्पत्ति पर लम्बे समय से थी। मैं अपने पिता के घर और उनके बीच आख़िरी बाधा था। यह सब मुझे कुछ साल बाद पता चला जब उस आदमी ने सम्भावित ख़रीदारों को डरा दिया और मेरे परिवार को बाज़ार मूल्य के आधे पर उसी को घर बेचने के लिए मजबूर किया।

लेकिन अभी कहानी उस दिन से पहले की रात की, जिस दिन बिनायक क्लब के लड़के मुझे खोजते हुए आए थे। मैं अपने दोस्त सिपू के साथ था। वह हमारी गली का नहीं था लेकिन अक्सर वहाँ आता था। उसका आना बिनायक क्लब के लड़कों को पसन्द नहीं था। उस रात मैं और सिपू मेरे घर जा रहे थे, जब बिनायक क्लब से किसी ने कुछ चिल्लाकर कहा। मैं बहुत अधिक नशे में था और अब याद नहीं कर सकता कि लड़ाई किस वजह से शुरू हुई, लेकिन मुझे याद है कि सिपू ने बिनायक क्लब से चिल्लाने वाले को जवाब दिया था। वह दहाड़ा, 'हरामजादे!' सिपू भारी था और उसे सँभालना मुश्किल था। बिनायक क्लब के नेता और सिपू के बीच झगड़ा हो गया। बिनायक क्लब के अन्य लड़के दौड़ते हुए आए और लड़ाई रुकवा दी। हम अपने पिता के घर चले आए। इसका अन्त शायद यहीं हो सकता था, लेकिन छत पर एक और ज्वाइंट ने सारा खेल ख़राब कर दिया। उसे पीकर सिपू भंड हो गया और क्लब लीडर की तलाश में हाथ में एक बड़ा डंडा

लेकर बिनायक क्लब वापस गया। सिपू ने बिनायक क्लब की सभी सजावटी लाइटें, साइनबोर्ड और काँच की खिड़कियाँ तोड़ डालीं। वह वापस आया और हम छत पर सोने चले गए। अगली सुबह सिपू जल्दी उठा और चला गया। मैं वापस सो गया और तभी लड़कों के चिल्लाने की आवाज़ आई :

'तुम कहाँ हो, कमीने? यहाँ आओ! हम आज तुम्हें पहले तो जी भरकर कूटेंगे, फिर तुम्हें टुकड़ों में काटकर बंगाल की खाड़ी में फेंक देंगे।'

पूरी सुबह, मैं अपनी मौसी के घर के उस कमरे में छिपा रहा, काँपता रहा, जब तक कि बिनायक क्लब के लड़के थक नहीं गए और यह कहते हुए चले नहीं गए, 'हम वापस आएँगे, कमीने। यह ख़त्म नहीं हुआ है।'

मैं उसी दोपहर पुरी से भाग गया।

# वापसी

पुरी से भागने के बाद, मेरे पास जीवित रहने के लिए नौकरी के अलावा कोई विकल्प नहीं था। तब तक, मुझे नहीं पता था कि वर्षों तक रोज़ाना भाँग और गाँजा लेने से मेरे शरीर और दिमाग़ पर क्या असर पड़ा था और मेरे लिए नियमित जीवन में वापस आना कितना मुश्किल हो गया था! भाँग और गाँजा पीकर भंड रहते हुए, मैंने वास्तविक दुनिया के साथ सम्बन्ध खो दिया था, जिस दुनिया में सिगरेट-शराब पीने और पर्यटकों के साथ घूमने की तुलना में बहुत अधिक काम करना होता था।

इसलिए मैं भुवनेश्वर आकर दोस्तों के साथ रह रहा था। मैं नशे से दूर रहने और वास्तविक दुनिया में वापस आने की कोशिश कर रहा था। मैं लगभग छह महीने तक किसी भी तरह के नशे से दूर रहा। फिर महाशिवरात्रि 2008 आई और मेरे दोस्तों ने कहा कि मैं थोड़ा-सा गाँजा तो पी ही सकता हूँ, क्योंकि मैं ऐसा भगवान शिव के नाम पर करूँगा। मैंने छत पर कुछ दोस्तों के साथ भारी मात्रा में गाँजा पिया।

और लो, मैं फिर वापस आ गया था वहीं जहाँ मुझे सब चीज़ें पता थीं, सब कुछ मेरे कंट्रोल में था। या, मुझे ऐसा लगता था।

बॉङ के दो या तीन राउंड तक मैं दोस्तों के साथ बातें कर रहा था। सुरूर था, लेकिन हल्का। फिर पागलपन की तरह डर दिमाग़ में समा गया। वह डर कहीं से फूट रहा था, मुझे नहीं पता कि कहाँ से? मन्दिर की प्रार्थना की आवाज़ मेरे कानों में गूँजती रही, और मैं उस जगह से हिल भी नहीं पा रहा था। मैं बहुत देर तक छत पर बैठा रहा, घबराया हुआ। मुझे लगा कि सब आकर मुझ पर हमला कर देंगे या मुझे मार डालेंगे। मैं अपने दोस्तों के साथ नीचे जाकर खाना नहीं खाना चाहता था। मैंने उनसे कहा कि मुझे अकेला छोड़ दो, चले जाओ।

मैं आधी रात तक छत पर बैठा रहा। मेरा अतीत मेरी आँखों के सामने कौंधता रहा। बहुत इरादा करके मैं अन्ततः पहली मंज़िल पर अपने कमरे में पहुँचा। मैंने दरवाज़ा बन्द किया, एक कम्बल लिया और ख़ुद को उसके नीचे छिपाकर सोने की कोशिश की।

मैं अगले दिन उठा और गाँजा पीना बन्द करने का फ़ैसला किया। मुझे पता चल गया था कि मेरा दिमाग़ ही मकड़जाल बुन रहा है। मुझ पर चालें चल रहा है। गाँजे की ओर अचानक वापसी ने कुछ ट्रिगर-सा किया था और मुझे व्यामोह में डाल दिया था।

मैंने कोशिश की, मैं फिसला। फिर कोशिश की। फिर फिसला।

मुझे एक बार की बात याद है जब मैं फिसल गया था। वसंत की एक सुबह। होली थी और मैं अपने तीन दोस्तों के साथ होली खेलने और पार्टी करने के लिए कार में निकला था। हमने खिड़कियों को नीचे कर हवा को अन्दर आने दिया। मेरा एक दोस्त भाँग के लड्डू साथ लाया था। मैंने एक लड्डू खाने की कोशिश की और मुझे इसका स्वाद पसन्द आया। फिर मैं एक के बाद एक लड्डू खाता गया, और आख़िरकार,

मैं गिनती ही भूल गया कि मैंने कितने लड्डू खाए हैं।

हमने एक दूसरे को पानी और रंग से नहलाया। हम अपने चेहरे और बालों पर हँसे। दूसरों पर भी हँसे। दोपहर में, हम रास्ते में कहीं लस्सी पीने के लिए रुके। भाँग की दुकान पर लस्सी का इन्तज़ार करते-करते लड्डू वाली भाँग ने अपना रंग दिखाना शुरू किया। हमने लस्सी पी और बाहर आ गए। यह वही दुनिया थी जिसे हमने अन्दर जाते समय देखा था : वही होली, वही रंग, वही लोग, हँसते और छींटे मारते और एक-दूसरे को मुट्ठी-मुट्ठी भर रंगों से सराबोर करते हुए, लेकिन यह ठीक वही दुनिया नहीं भी थी। अचानक, सब कुछ डरावना लगा, और मैं अत्यधिक भय में जैसे डूबने लगा। लोगों की भीड़ ख़तरनाक लग रही थी, रंगों को देखकर मुझे भयानक ख़याल आ रहे थे। डर बढ़ता गया और मैं भागकर कार में बैठ गया।

मैंने ख़ुद को यह बताने की कोशिश की कि यह केवल मेरे दिमाग़ में हो रहा केमिकल लोचा था और मेरे दिमाग़ के साथ भाँग खेल रही थी। शब्द थे, विज्ञान था, ज्ञान भी वहाँ था, लेकिन डर उन सब पर हावी था।

मैंने अपने डर को दूर हटाने का प्रयास किया। मैंने गहरी साँस लेने की कोशिश की, लेकिन भय और भयानक विचित्रता की भावना बनी रही। हाइवे ख़ाली थे लेकिन कुछ मोटरबाइकें वहाँ थीं और उनकी आवाज़ अस्वाभाविक रूप से बहुत तेज़ थी। बाक़ी सब चुप, मृतवत जैसे ज़ोम्बी प्रलय। अब मुझे ऐसा लगने लगा था कि मैं किसी ख़राब हॉरर फ़िल्म में हूँ। अचानक ही मोटरसाइकिलों पर ख़ून से लथपथ लोग मुझे दिखने लगे, वे जीवन में मृत्यु और मृत्यु में जीवन सरीखे दिख रहे

थे। यह फ़िल्म ही एकमात्र वास्तविकता थी, और मैं उसमें फँस गया था। यह फ़िल्म ख़त्म होने का नाम नहीं ले रही थी।

मैंने अपनी दोस्त को देखा जो गाड़ी चला रही थी और सोचना शुरू कर दिया : अरे नहीं, हे भगवान, नहीं, उसे भी गोली मार दी गई है, और वह गाड़ी चला रही है, वह ख़ून से लथपथ है और वह गाड़ी चला रही है! वह मुझे देखने के लिए पलटी और मैंने उसकी नज़रें देखीं—वे ख़ाली थीं, ख़ून से लथपथ। मैंने अनुमान लगाया कि उसने भी समझ लिया है कि वह इस कभी न ख़त्म होने वाली फ़िल्म में है। मैंने ख़ाली राजमार्ग पर खिड़की से बाहर देखकर उसे स्क्रिप्ट से बाहर रखने की कोशिश की। मैंने यह याद रखने की कोशिश की कि यह फ़िल्म कैसे समाप्त होगी...मैंने कोशिश की कि किसी के अचानक विंडस्क्रीन पर आ गिरने या कार के साथ किसी लाश के दौड़ने के बारे में न सोचूँ। मेरे पूरे अस्तित्व पर आतंक पसरा हुआ था, बस यह मुझे पता था।

किसी तरह, हम घर वापस पहुँचे, मैं नहाने चला गया और अनंत काल तक नहाता रहा। मुझे याद नहीं है कि मैं कब और कैसे शॉवर से बाहर आया।

बाद में, मेरे दोस्तों और परिवार ने बताया कि मैं चौबीस घंटे से अधिक समय तक सोया रहा था, एक बार भी नहीं उठा और कुछ भी नहीं खाया।

इस तरह मैंने पूरी एक फ़िल्म ही बना डाली जिसमें भाँग मेरी सहायक निर्देशक थी।

~

वापसी की राह आसान नहीं थी। केवल ड्रग्स छोड़ने का फ़ैसला करने भर से मुझे कम आत्मविश्वास और लगभग लकवाग्रस्त कर देनेवाले डर से निजात नहीं मिल गई जो डर मेरे आसपास की हर चीज़ से फूट रहा था। एक छोटे, तंग समूह के बाहर मेरा कोई सामाजिक सम्पर्क नहीं था। नौकरी मिलनी मुश्किल थी। बड़ी मुश्किल से मैं एक कंप्यूटर हार्डवेयर स्टोर में 200 रुपये प्रतिदिन के लिए नौकरी पाने में कामयाब हुआ। कुछ समय बाद, मैं वोडाफ़ोन में आया। 5,500 रुपये प्रति माह पर मैं सिम कार्ड बेचने लगा। इसके बाद मैं एक किताबों की दुकान में चला गया। एक भागीदार के साथ अपनी ख़ुद की किताबों की दुकान शुरू करने से पहले, मैंने कुछ वर्ष यहीं किताबें बेचीं।

मैं अब 15 साल से अपनी मज़बूत ज़मीन पर हूँ। हाल ही में, दोस्तों के साथ पुरी से भुवनेश्वर लौटते समय, हम एक चाय की दुकान पर चाय पीने के लिए रुके। वह जगह गाँजे के धुएँ से भरी हुई थी। मैंने चाय की दुकान के मालिक से इसके बारे में पूछा और उसने मुझे शानदार ढंग से पैक्ड, पहले से बने हुए, ज्वाइंट्स का एक बढ़िया पैकेट दिखाया। दुनिया कितनी बदल गई थी। हमने भाँग और गाँजे के बारे में बात करना शुरू कर दिया, कि कैसे मैं एक समय इन दोनों का ग़ुलाम था। अब जब मैं उस लम्बे, शक्तिहीन चरण से गुज़र चुका हूँ तो पीछे देखने पर लगता है कि पूरा का पूरा दौर बुरा ही नहीं था। मेरे पास यादें थीं, मैंने उनके बारे में बात करना शुरू किया, और मेरे प्रकाशक और मित्र रवि सिंह ने कहा : 'आप इन्हें एक किताब की शक्ल में क्यों नहीं लाते?'

मैं वापस अपनी पुरानी नोटबुक उठाई। फिर मैं ओडिशा घूमकर आया और कुछ और कहानियाँ इकट्ठा कीं।

कैसी दुनिया थी वह!

कैसी दुनिया यह है!

# भाँग और गाँजे का रोज़नामचा

# एक ब्राह्मण का भाँग का सरकारी ठेका

साहब, मैं भाँग का ठेका चलाता हूँ लेकिन जाति से ब्राह्मण हूँ। मेरे बाप बहुत इज्जतदार आदमी थे। यहाँ, इस तस्वीर पर एक नजर डालें, मंत्रियों और सामाजिक कार्यकर्ताओं के साथ मेरे पिता की फोटो है। कितने बड़े-बड़े लोग हैं! मैं कुछ भी गलत नहीं कर रहा हूँ, सर। मैं सिर्फ शुद्ध भाँग का शर्बत बेचता हूँ, मैं इसे किसी भी घटिया चीज के साथ नहीं मिलाता हूँ जो इसे जहरीला बना सके। अगर आप मेरी भाँग ड्रिंक ट्राई करेंगे तो आप फिट हो जाएँगे सर। यह प्राकृतिक है, एक आयुर्वेदिक औषधि है, स्वास्थ्य के लिए यह अच्छी है।

साहब, भाँग हजारों वर्षों से हमारी संस्कृति में मौजूद है। बिलकुल सही समय का अन्दाजा भला कौन लगा सकता है? यह हमेशा कानूनी रहा है। मैं कुछ भी गैरकानूनी काम नहीं करता। सॉरी सर, वो सरकारी लाइसेंस प्राप्त भाँग की दुकान वाला साइनबोर्ड पिछले तूफान में उड़ गया था, थोड़ा समय दीजिए, फिर से लगा दूँगा। मैं जानता हूँ वो बोर्ड जरूरी है। मेरा विश्वास कीजिए, मैंने पहले ही एक पेंटर को नया बोर्ड

बनाने को कह दिया है। आप अगली बार आएँगे, तो वह दुकान पर लगा होगा।

भाँग की हमारी दुकान शहर की सबसे पुरानी दुकानों में से एक है। 40 साल से भी पुरानी। मेरे पिता ने इसकी शुरुआत की थी और अब मैं उनकी विरासत को आगे बढ़ा रहा हूँ। हम भाँग बेचने से बहुत पैसा नहीं कमाते हैं, सर। जिस दिन बहुत शानदार बिक्री होती है, हम एक किलो भाँग बेच पाते हैं, लेकिन बाकी दिनों में बहुत कम बिक्री रहती है। मैं जो भाँग बेचता हूँ उसका वजन भी नहीं करता, सर। वर्षों से भाँग के गोले बनाते-बनाते अब तो मुझे हाथ से ही वजन का अन्दाजा हो जाता है।

मैं सरकारी डिपो से ही भाँग खरीदता हूँ, सर। नहीं, मैं झूठ नहीं बोलूँगा—थोड़ा-बहुत तो मैं नशे के तस्करों से भी सस्ते दाम पर खरीदता हूँ। अधिक उत्पाद शुल्क के कारण सरकारी डिपो की भाँग 590 रुपये प्रति किलो है—सारी भाँग उत्तर प्रदेश से आती है, आप समझिए। मैं तस्करों से जो भाँग खरीदता हूँ, वह मात्र 200 रुपये प्रति किलो है। इसके अलावा, मुझे सरकारी भंडार से जो भाँग मिलती है, हमेशा ही पुरानी होती है, जबकि ड्रग्स का धंधा करने वाले मुझे अच्छी गुणवत्ता वाली, ताजा भाँग देते हैं। सच कह रहा हूँ, सर। मैं एक अच्छा ब्राह्मण हूँ, मैं झूठ नहीं बोलूँगा।

आप मुझसे जो भी पूछेंगे मैं आपको बताऊँगा। हाँ, मुझे पता है, सर, कानून के हिसाब से मुझे बस भाँग के पत्ते बेचने

चाहिए, और कुछ नहीं। लेकिन भाँग वाली लस्सी की माँग अधिक है। अगर मैं ग्राहकों की माँग को पूरा नहीं करता हूँ तो सारा धंधा बैठ जाएगा। बताइए, फिर मैं बाल-बच्चों का पेट कैसे पालूँगा सर?

लेकिन मैं केवल बढ़िया भाँग वाली लस्सी बेचता हूँ सर, किसी भी खराब चीज को इसमें नहीं मिलाता हूँ। मैं गारंटी दे सकता हूँ कि मेरी भाँग शहर में सबसे शुद्ध है। आप शहर के सभी भाँगवालों से नमूने लेकर प्रयोगशाला में भेज सकते हैं, उनकी जाँच करवा सकते हैं। उनका परीक्षण करवाकर देख लीजिए, मेरा नमूना सबसे अच्छा होगा। यह ब्राह्मण झूठ नहीं बोलेगा, धोखा नहीं देगा, सर।

शहर में दस से अधिक लाइसेंसी भाँग की दुकानें हैं, लेकिन सैकड़ों अवैध भाँग के ठिकाने मौजूद हैं, जहाँ से इसकी बिक्री हो रही है। हमारी दुकान पर सबसे शुद्ध भाँग मिलती है। लगभग 30 किलो भाँग बेचने के बाद, मुझे 15,000 या 20,000 रुपये प्रति माह का मामूली फायदा होता है। इस आय से पाँच लोगों के परिवार को चलाना बहुत मुश्किल है, सर। भगवान का धन्यवाद, हम ब्राह्मण हैं और मैं विवाह और अन्य धार्मिक समारोहों के लिए पूजा-पाठ करके कुछ पैसे कमा लेता हूँ। इसी तरह हम जीवनयापन करते हैं।

आप जानते हैं साहब, कभी-कभी मुझे भाँग बेचना या इस तरह का व्यापार करना बिलकुल अच्छा नहीं लगता, लेकिन क्या करूँ? कुछ तो करना ही होगा—भरने के लिए

पाँच पेट हैं। यह मेरा बेटा है, ये भी कभी-कभी दुकान पर बैठता है, लेकिन वह वाणिज्य में स्नातक है और अब आगे की पढ़ाई करेगा। मेरी बेटी कानून की पढ़ाई कर रही है। एक बार जब मेरे दोनों बच्चों को बड़ी नौकरी मिल जाएगी, तो मुझे भाँग नहीं बेचनी पड़ेगी। मेरे बच्चे एक दिन में उससे ज्यादा कमाएँगे, जितना मैं एक महीने में कमाता हूँ।

बहुत-से लोग दवा बनाने के लिए भाँग खरीदने आते हैं, सर। हमारा समाज और हमारे पड़ोसी भाँग को अच्छा मानते हैं। कई महिलाएँ भी हमसे भाँग लेती हैं, वे अपने पति के साथ आती हैं। महिलाएँ हमसे कहती हैं कि जब भी वे आएँ तो उनके पति को भाँग दे दूँ, क्योंकि वे अपने पतियों को शराब की लत से मुक्त करने की कोशिश कर रही हैं। वे कहती हैं कि भाँग खाने के बाद उनके पति शान्त हो जाते हैं और सड़कों पर चिल्लाते नहीं हैं या झगड़े में नहीं पड़ते हैं। वे शान्त रहते हैं, किसी से झगड़ा नहीं करते, नुकसान नहीं पहुँचाते हैं। बच्चे भी खुश होते हैं कि उनके पिता स्थिर रहते हैं और परिवार में शान्ति बनी रहती है। महोदय, मैं आपको बता रहा हूँ—भाँग लोगों को स्थिर और शान्तिप्रिय बनाती है। यह शराब की तरह नहीं है, जो समाज के लिए ख़तरा है। भाँग का सेवन करने के बाद लोग अहिंसा में विश्वास करने लगते हैं। अगर कोई उन्हें एक गाल पर थप्पड़ मारता है, तो वे दूसरा गाल आगे कर देते हैं। बिलकुल यीशु की तरह। मैं तो हमारे राज्य में सभी अपराधों के लिए शराब और राजनीति

को दोषी ठहराऊँगा। भाँग लोगों को शान्ति देती है।

बेटियाँ भी अपने पिता से कहती हैं, 'पापा, शराब मत पियो। भाँग ले लो।' यहाँ तक कि हमारे पास भाँग खरीदने के लिए पूरा परिवार एक साथ आता है।

मैं भाँग से कई किस्म का शरबत बनाता हूँ, सर। केसर और भाँग के साथ मेरी बादाम वाली ठंडई मशहूर है। आपको इसे जरूर आजमाना चाहिए।

मैं बच्चों को भाँग कभी नहीं बेचता। कभी नहीं। अगर कोई बच्चे को मेरी दुकान पर भेजता है और लड़का कहता है कि वह अपने पिता के लिए खरीद रहा है, तो मैं कहता हूँ, 'अपने पापा को आने के लिए कहो।' मुझे भाँग खाने की न्यूनतम आयु सीमा के बारे में कानून का तो नहीं पता, लेकिन मैं इसे 20-22 वर्ष से कम आयु के किसी भी व्यक्ति को नहीं देता। सोचिए, अगर मैं एक बच्चे को भाँग की छोटी-सी खुराक भी दे दूँ तो क्या होगा—बच्चा मौत के दरवाजे पर भी पहुँच सकता है! मैंने सुना है कि भाँग खाने के बाद लोगों को अस्पताल में भर्ती कराना पड़ जाता है और पानी तक चढ़ाने की नौबत आ जाती है। ऐसा इसलिए है क्योंकि वे नहीं जानते कि भाँग को सँभालना कैसे है? मैंने सुना है कि नियमित रूप से शराब पीने वाले भी थोड़ी-सी भाँग नहीं पचा पाते हैं। कई बार तो उनको अस्पताल के आईसीयू में ले जाना पड़ता है। हालाँकि, उनके साथ कुछ भी गम्भीर नहीं होता है; कुछ घंटों के बाद, उन्हें अस्पताल से छुट्टी दे दी जाती है। महोदय,

मैंने कभी नहीं सुना कि भाँग खाने के बाद किसी की मृत्यु हो गई हो जैसा कि शराब या दूसरे ड्रग्स के सेवन से होता है।

मैं भी हर दिन थोड़ी-थोड़ी भाँग लेता हूँ। कम से कम दो बार, लगभग दस ग्राम। मेरे पिता ने भी इसका सेवन किया; मैं परिवार की परम्परा को जारी रख रहा हूँ। भाँग आपके पाचन को बेहतर बनाती है, इससे आपका पेट साफ रहता है। आपका चेहरा भी चमकने लगता है। लेकिन, मेरे घर की औरतें भाँग नहीं पीती हैं जनाब। मैं भी अपने पिता की तरह पान खाता हूँ, लेकिन मेरा बेटा कुछ नहीं लेता, सर।

श्रीमान जी, सभी भाँग की दुकानों पर उपलब्ध सामान की गुणवत्ता साल में कम से कम एक बार प्रयोगशाला में परखी जानी चाहिए। लोग पैसे दे रहे हैं और वे अच्छी चीज के हकदार हैं। भाँग की दूसरी दुकानें उन चीजों की मिलावट कर रही हैं जो मानव शरीर के लिए हानिकारक हैं, लेकिन मेरा माल सबसे शुद्ध है, सर। दूसरी दुकानों के मालिक कहते हैं कि उनकी भाँग सबसे बढ़िया नशा देती है, लेकिन मेरी नीति अलग है। मैं पवित्रता का वादा करता हूँ। मैं अपने ग्राहकों को सबसे अच्छी गुणवत्ता वाला माल देता हूँ इसलिए उनको पसन्द आता हूँ। मैं ऐसा इसलिए करता हूँ, ताकि वे बार-बार मेरे पास आएँ, एक के बजाय भाँग की दो गोली खाएँ, और इस तरह मैं और अधिक बेच सकूँ। हानिकारक अवयवों को मिलाने और भाँग की छोटी खुराक के साथ ग्राहकों को भंड बनाने का क्या मतलब है?

श्रीमान जी, क्या आप मेरी भाँग खाकर देखना चाहते हैं? अगर आपने कभी भाँग का सेवन नहीं किया है तो मटर के आकार की गोली ही काफी है। अगर आप एक छोटी गोली से अधिक खा लेते हैं या उसको ठंडई में पीते हैं तो आप दिन के उजाले में ही चाँद और सितारों को देखने लगेंगे।

सर, कभी भी किसी व्यक्ति या परिवार ने मुझे भाँग बेचने पर बुरा नहीं कहा, मुझे कोसा नहीं, क्योंकि मेरी भाँग ने कभी किसी को नुकसान नहीं पहुँचाया है। कई लोग कहते हैं कि भाँग शराब के विपरीत, उनके परिवार में शान्ति और खुशी लेकर आई है, शराब तो कई लोगों के लिए नाखुशी और वित्तीय कठिनाइयों का कारण बनी है। इसलिए, मैं भाँग बेचता हूँ।

मैं हर दिन लगभग एक किलो भाँग बेचता हूँ, सर। बहुत-से लोग मेरे पास गाँजे की तलाश में आते हैं लेकिन मैं उन्हें डाँटकर भगा देता हूँ और फिर कभी मेरी दुकान पर वापस न आने की ताकीद भी कर देता हूँ। लगभग सभी दूसरी भाँग की दुकानों के मालिक गाँजा बेचते हैं, जो अवैध है। आप सरकारी लाइसेंस प्राप्त भाँग की दुकान से केवल भाँग बेच सकते हैं; कुछ साल पहले तक आप लाइसेंस के तहत कुछ अफीम और कुछ गाँजा बेच सकते थे, फिर इसे बन्द कर दिया गया। लेकिन, कई दुकानदार अवैध रूप से गाँजा बेचते हैं। मैंने ऐसा कभी नहीं किया है और मैं भविष्य में भी ऐसा नहीं करूँगा। गाँजा बहुत खराब है, सर। जब गाँजा वैध

था और 1989 में ओडिशा में एनडीपीएस (नारकोटिक ड्रग्स एंड साइकोट्रोपिक सब्सटेंस) अधिनियम लागू होने से पहले आबकारी विभाग के माध्यम से बेचा और वितरित किया जाता था, मेरे पिता इसे बेच रहे थे। लेकिन, जब से इसे अवैध घोषित किया गया है, हमने एक ग्राम भी गाँजा नहीं बेचा है।

मुझे लगता है कि शहर के लगभग दस से 15 प्रतिशत लोग भाँग का सेवन करते हैं, और अधिक से अधिक लोग अब इसे ले रहे हैं। कई और लोग शराब भी ले रहे हैं, लेकिन मुझे लगता है कि केवल भाँग ही कानूनी होनी चाहिए; बाकी शराब और अन्य ड्रग्स पर प्रतिबन्ध लगा दिया जाना चाहिए। महोदय, भाँग प्राकृतिक है, शराब और अन्य नशीले पदार्थों की तरह अप्राकृतिक नहीं है। भाँग अच्छी है। मैं अच्छा काम कर रहा हूँ। आप गूगल से भाँग के फायदे क्यों नहीं पूछते? दुनिया के कई देशों ने इसे वैध कर दिया है।

~

गाँजे की उस दुकान के मालिक की इस बात को अब एक तथ्य के तौर पर स्वीकार कर लिया गया है कि शराब गाँजे से ज़्यादा हानिकारक है। लेकिन, यह बात अधिकांश लोगों को बताई नहीं जाती है। यह आधिकारिक या लोकप्रिय नैरेटिव नहीं है। भारत में एनडीपीएस अधिनियम के साथ गाँजे पर लगे प्रतिबन्ध के कई आलोचक हैं, इसने अन्य बातों के अलावा, सॉफ़्ट और हार्ड ड्रग्स के बीच अन्तर को मिटा दिया। संसद में भी इसको लेकर असहमति के स्वर उठते रहे हैं। ओडिशा के एक

पूर्व सांसद तथागत सत्पथी ने भाँग या गाँजे (कैनेबीज़) पर प्रतिबन्ध की आलोचना करते हुए इसे 'अभिजात करतूत' कहा था। अन्य सांसद और कार्यकर्ता गाँजे, अफ़ीम और अन्य ग़ैर-सिंथेटिक नशीले पदार्थों की वैध और क़ानूनी आपूर्ति के लिए अभियान चला रहे हैं। उनका तर्क है कि इससे देश में हेरोइन और कोकीन की लत को कम करने में भी मदद मिल सकती है।

# ओडिशा के आबकारी विभाग द्वारा भाँग की ख़रीद और वितरण

सन् 1985 में, भारत सरकार नारकोटिक ड्रग्स एंड साइकोट्रोपिक सब्सटेंस या एनडीपीएस अधिनियम लाई, जिसने भाँग के पौधे की राल (रेजिन), फूल और फल के उपयोग पर प्रतिबन्ध लगा दिया। रातोंरात गाँजा अवैध हो गया; पत्तियों से मिलने वाली भाँग ही वैध रह गई। ओडिशा में यह अधिनियम 1989 में लागू किया गया था। इसने एक ऐसी परम्परा को अपराध में बदल दिया, जो सहस्राब्दियों से आम बात थी। 1989 तक, ओडिशा के आबकारी विभाग ने सभी लाइसेंस प्राप्त विक्रेताओं को कटक में अपने केन्द्रीय भाँग गोला के माध्यम से भाँग और गाँजा दोनों की आपूर्ति की। तब दुकानों को सरकारी गाँजे की दुकानें कहा जाता था। 1989 से पहले, सम्बलपुर, ढेंकनाल और कटक ज़िलों में अपनी देखरेख में किसानों को भाँग की खेती करने के लिए आबकारी विभाग लाइसेंस भी दे रहा था।

ओडिशा राज्य की पुरानी राजधानी कटक (जिसको सिल्वर सिटी भी कहते हैं) में ओडिशा के केन्द्रीय भाँग गोला का आबकारी विभाग ब्रिटिश राज के समय से मौजूद है। आबकारी आयुक्त, ओडिशा,

केन्द्रीय भाँग गोला में एक प्रभारी अधिकारी (OIC) की नियुक्ति करता है। कटक में यह गोला सभी बाक़ी बचे ज़िलों के भाँग गोलों को भाँग की आपूर्ति करता है, जो आगे प्रत्येक ज़िले में लाइसेंसप्राप्त भाँग की दुकानों को आपूर्ति करते हैं।

चूँकि भाँग की खेती अब ओडिशा में क़ानूनी रूप से नहीं की जा सकती है, इसलिए आबकारी विभाग उत्तर प्रदेश पर निर्भर है, जो उन कुछ राज्यों में से एक है जहाँ भाँग की नियंत्रित, क़ानूनी खेती की अनुमति है। 2019 में, ओडिशा आबकारी विभाग ने उत्तर प्रदेश पर राज्य की निर्भरता को कम करने के लिए लाइसेंसप्राप्त भाँग की दुकानों को छापे में ज़ब्त भाँग की बिक्री की अनुमति देने के लिए अपनी आबकारी नीति में संशोधन किया।

प्रत्येक ज़िले में जहाँ लाइसेंसप्राप्त भाँग की दुकानें संचालित हैं, ज़िला मुख्यालय के आबकारी कार्यालय में एक भाँग गोला है। हरेक ज़िले के भाँग गोला की माँग के आधार पर, कटक का केन्द्रीय भाँग गोला उत्तर प्रदेश से भाँग की अपेक्षित मात्रा प्राप्त करता है। ओडिशा के आबकारी विभाग का एक अधिकारी इसे लाने के लिए उत्तर प्रदेश जाता है। इसके बाद इसे ज़िले के गोलों और वहाँ से लाइसेंसप्राप्त दुकानों में वितरित किया जाता है।

प्रत्येक भाँग की दुकान वाले लाइसेंस-धारक को आबकारी विभाग ने ई-आबकारी पोर्टल पर लॉग-इन करने और भाँग की आवश्यक मात्रा ख़रीदने के लिए चालान बनाने हेतु एक उपयोगकर्ता नाम (आईडी) और एक पासवर्ड जारी किया है। वे डेबिट/क्रेडिट कार्ड या नेट बैंकिंग द्वारा भुगतान कर सकते हैं। वे भाँग की क़ीमत और उत्पाद

शुल्क का भुगतान करते हैं, जो 500 रुपये प्रति किलोग्राम तय किया गया है।

एक बार चालान बन जाने के बाद, भाँग की दुकान के मालिक को चालान की एक प्रति ज़िला भाँग गोला के ओआईसी के यहाँ जमा करनी होती है, जो भाँग को दुकान तक ले जाने के लिए एक या दो दिन के लिए वैध परिवहन पास जारी करता है। ओआईसी चालान की एक प्रति ज़िला आबकारी अधीक्षक कार्यालय को भी भेजी जाती।

नौकरशाही की इस लम्बी और थकाऊ प्रक्रिया के बाद, भाँग ख़रीदार तक पहुँचती है, और इस स्तर पर यह एक साधारण और आरामदेह लेन-देन हो जाता है, या होना चाहिए, सिवाय इसके कि एनडीपीएस अधिनियम कहता है कि व्यक्तिगत स्तर पर भाँग रखने की सीमा 120 ग्राम ही है, इससे ऊपर कुछ भी दंडनीय हो सकता है।

~

## ओडिशा में भाँग के वैध बाज़ार : दो चार्ट

ओडिशा के शहरों/ज़िलों में भाँग की दुकानों की संख्या, 2022

| स्थान | भाँग की सरकारी दुकानें |
|---|---|
| भद्रक | 5 |
| भुवनेश्वर | 8 |
| खोरदा | 2 |
| कटक | 28 |
| जगतसिंहपुर | 11 |
| केन्द्रपाड़ा | 10 |
| पुरी | 35 |
| ब्रह्मपुर | 1 |
| गंजम | 5 |
| कंधमाल | 2 |
| **कुल** | **107** |

### प्रतिवर्ष भाँग की बिक्री

| वर्ष | लाइसेंसशुदा दुकानों से भाँग की बिक्री |
|---|---|
| 2020-2021 | 5800 कि.ग्रा. |
| 2021-2022 | 4400 कि.ग्रा. |

# नाज़िरख़ाना में भाँग

ओडिशा के शहरों में सबसे प्रसिद्ध पुरी में भाँग खाने या पीने की परम्परा कितनी प्राचीन है? कुछ लोग कहते हैं कि यह आदत शहर जितनी ही पुरानी है।

भाँग शहर में कितनी लोकप्रिय है, और इसकी खपत कितनी है, यह बताना मुश्किल है। इस विषय पर बहुत कम साहित्य उपलब्ध है।

लेकिन, मुझे एक सेवानिवृत्त नौकरशाह हरिहर पांडा के साथ की वह बातचीत याद है, जिन्होंने इस सन्दर्भ में मुझे एक वैचारिक आधार दिया। वह शानदार व्यक्ति थे। वैसे भी, यादें और इंप्रेशंस अक्सर सूखे तथ्यों और डेटा की तुलना में अधिक उपयोगी होते हैं, वे ज़्यादा ख़ुलासा करते हैं।

यहाँ नीचे मैं उन्हीं पांडा साहब के अद्भुत संस्मरण *'रिकलेक्शन : मेमॉयर्स ऑफ़ अ सिविल सर्वेन्ट'* (2022) के कुछ अंश दे रहा हूँ, जिसमें वह 1950 के दशक के एक प्रकरण को याद करते हैं :

> मुझे यह देखकर हैरानी हुई कि कार्यालय के एक कोने में एक भारी शरीर वाला आदमी बिना रुके कुछ पीसने में लगा हुआ

है। उसने ऊपर कुछ नहीं पहना था। मेरी आँखों में सवाल देख वहाँ के नाज़िर ने तुरन्त कहा, 'यह आदमी नाज़िरख़ाने का चपरासी है जो दूरदराज के गाँवों में एक पखवाड़ा बिताने के बाद मुख्यालय वापस आया है। वह झगड़ा-झंझट निपटाने और न्यायिक प्रक्रिया पूरी करने गाँवों में गया था, चूँकि कार्यालय में उसके लिए कुछ काम नहीं है, तो भाँग तैयार करने की ड्यूटी दी गई है।' नाज़िर ने झट से आगे जोड़ा, 'हर दिन कुछ चपरासी, जिनको प्रॉसेस सर्वर कहते हैं, गाँवों में अपनी ड्यूटी पूरी करने के बाद कार्यालय लौटते हैं और उनके पास यहाँ कोई दूसरा काम नहीं होता। वे व्यस्त रहें, इसलिए यह काम हमने दिया है और अंग्रेजों के समय से यही प्रथा रही है।'

चूँकि मैं भाँग के बारे में, इसकी तैयारी और उपयोगिता के बारे में जानने के लिए उत्सुक था, इसलिए विद्वान नाज़िर को मुझे इस अनमोल पदार्थ के बारे में बताने का अवसर मिला और यह शायद एक प्रोबेशनर के तौर पर मेरे प्रशिक्षण का सबसे बढ़िया हिस्सा था! उन्होंने एक बदसूरत दिखते पीतल के थूकदान में पीक फेंकी, अपना गला साफ़ किया और व्याख्यान शुरू किया : 'भाँग के पौधों की सूखी पत्तियों को भाँग के नाम से जाना जाता है, जबकि उनकी कलियाँ, जब सूख जाती हैं, तो गाँजा कहलाती हैं। मादा भाँग के पौधे सबसे अच्छी भाँग का उत्पादन करते हैं। अथर्ववेद में भाँग के पारलौकिक गुणों का उल्लेख किया गया है, इसे शैतान को भगाने वाला बताया

गया है। यह एक लाभकारी जड़ी-बूटी के रूप में वर्णित है जो चिन्ता से राहत देती है।

अपने भाषण का निष्कर्ष देते हुए नाज़िर ने भगवान शिव के साथ भाँग के अनोखे और मधुर सम्बन्ध के बारे में बताया। उन्होंने कहा कि शिव को 'भाँग के भगवान' के रूप में माना जाता था...

मेरी असहाय मासूमियत से उत्साहित नाज़िर, जिसे मैं अब भाँग का पारखी मानने लगा था, भाँग तैयार करने की विशिष्ट प्रक्रिया समझाने लगा, 'भाँग की सूखी पत्तियों को कुछ घंटों के लिए पानी में भिगोया जाता है और फिर उन्हें कुचल कर पीसा जाता है। हालाँकि, ये पीसना ही सबसे श्रमसाध्य काम है, क्योंकि सिलबट्टे पर लगातार तब तक भाँग पीसी जाती है, जब तक उसका पेस्ट थोड़ा लसलसा-चिपचिपा न हो जाए। उसके बाद ही भाँग उसे इस्तेमाल करनेवाले के मन में उत्साह जगाती है।

थ्योरी क्लास ख़त्म हो गई थी। अब, प्रैक्टिकल की बारी थी। भाँग-मास्टर मुझे एक व्यावहारिक प्रदर्शन के लिए ले गया, जहाँ चपरासी उत्पादन की प्रक्रिया में लगा हुआ था। मैंने सिलबट्टे की जाँच की तो वो आकार में थोड़ा अलग था, वरना भारतीय रसोई में मसालों को पीसने के लिए जैसा सिलबट्टा इस्तेमाल होता है, वैसा ही वह भी था। हालाँकि,

निरन्तर उपयोग, सजग देखभाल और ध्यान रखने की वजह से उनकी चमक बहुत बढ़ गई थी। नाज़िरख़ाना में इसका रिकॉर्ड नहीं था कि इन मूल्यवान वस्तुओं की ख़रीद कब की गई थी, लेकिन तब भी भाँग की उस नाज़िरख़ाने में व्यापक उपस्थिति को देखकर अनुमान लगाया जा सकता है कि यह ओडिशा में ब्रिटिश शासन के शुरुआती दिनों से ही मौजूद थे। मुझे यह देखकर आश्चर्य हुआ कि भाँग की तैयारी ने नाज़िरख़ाने में एक स्वीकृत आधिकारिक काम का दर्जा ग्रहण कर लिया था और सहायक नाज़िर, जिसे नायब नाज़िर कहा जाता था, वह इस प्रक्रिया की निगरानी करने के प्रभारी भी थे। यह उनकी ऑफ़िशियल ड्यूटी थी। भाँग की शुद्धता और स्थिरता का परीक्षण करने का उनका तरीक़ा अद्वितीय और अविश्वसनीय था। वह भाँग के पेस्ट को एक गोली या गेंद के आकार का बनाकर उसे ओखल में डालते, फिर मूसल से उसे दबाकर उठाते। और लो, यह देखो! चिपचिपा पेस्ट मूसल के साथ ऊपर उठ गया, तो माल एक नम्बर का मान लिया जाता था। इस प्रकार गुणवत्ता की परीक्षा हो जाने के बाद ही ग़रीब चपरासी को उसके कठिन कर्तव्य से छुट्टी मिलती थी—ज़ाहिर है कि पारितोषिक में उसे भी उसके द्वारा उत्पादित उस क़ीमती उत्पाद की एक छोटी-सी गोली मिलती थी।

ऑफ़िस बन्द होने का समय लगभग हो गया था। मैं नज़ारत अधिकारी श्री साहू के साथ बैठा था। तभी नाज़िर अप्रत्याशित

रूप से अपने हाथ में कुछ लाते हुए दिखाई दिया। मैंने देखा कि एक छोटा चाँदी का बक्सा उसके हाथ में था, जिस पर बढ़िया नक़्क़ाशी की गई थी, जिसे नाज़िर ने विनम्रतापूर्वक अपने अधिकारी के सामने पेश किया। मैं यह जानकर चकित रह गया कि चाँदी के बक्से में भाँग की एक छोटी डली थी, जिसे पूरे दिन की मेहनत के बाद इतनी कुशलता से तैयार किया गया था। यह एक रस्म थी...कार्यालय बन्द होने से पहले, नाज़िर या उनकी अनुपस्थिति में नायब नाज़िर कलेक्टरेट के अधिकारियों को—कलेक्टर से लेकर उनके पद और रैंक के मुताबिक़ भाँग की पेशकश करते थे। श्री साहू ने उस मोहक पदार्थ की थोड़ी मात्रा ली और एक साँस में ही निगल लिया। बुज़ुर्ग नाज़िर ने विनम्रतापूर्वक मुझे भी वह दिव्य ख़ुराक शुरू करने के लिए आमंत्रित किया, जिसे मैंने अफ़सोस के साथ अस्वीकार कर दिया। लेकिन, मैं उस चमकदार बक्से पर मोहित हो गया था। जाँच करने पर मैंने पाया कि चाँदी के बक्से पर 'WW-1828' अंकित था। तारीख़ तो ज़ाहिर तौर पर इसके निर्माण के वर्ष को बता रही थी और बाक़ी दोनों अक्षर शायद विलियम विल्किंसन के नाम के प्रथमाक्षर थे, जो पुरुषोत्तम के पहले कलेक्टर और ज़िला मजिस्ट्रेट थे। तब पुरी को पुरुषोत्तम कहा जाता था। यह आश्चर्यजनक था कि इस शानदार चीज़ ने पिछले 130 वर्षों के दौरान अपनी चमक और ग्लैमर बरक़रार रखे थे...

25 साल बीत गए। मैंने सरकारी सेवा से स्वैच्छिक सेवानिवृत्ति ले ली और क़ानूनी पेशे में शामिल हो गया। मैं कई बार पुरी गया था, लेकिन अपनी दूसरी व्यस्तताओं के कारण कलेक्टरेट नहीं जा सका था। एक बार मैं पुरी के ज़िला मजिस्ट्रेट की अदालत में भूमि अधिग्रहण के एक मामले में सुनवाई कर रहा था। सुनवाई ख़त्म होने के बाद, युवा ज़िला मजिस्ट्रेट, जो पुरी के कलेक्टर भी थे, ने मुझे अपने कक्ष में मिलने के लिए कहा। जब मैं वहाँ गया, तो उन्होंने मुझसे पूछा कि मैं अदालत की कार्यवाही के दौरान अन्यमनस्क-सा क्यों दिख रहा था और क्या मेरी कोई व्यक्तिगत समस्या है जिसे वह हल कर सकते हों! मैंने ओडिशा प्रशासनिक सेवा के एक अधिकारी के रूप में कलेक्टरेट के साथ अपने पुराने जुड़ाव के बारे में बताया, और स्वीकारा कि वह भावनात्मक रूप से अभी भी मेरे दिमाग़ में घूम रहा था। युवा कलेक्टर ने मुझे बधाई दी और एक वरिष्ठ अधिकारी को मुझे कलेक्टरेट का चक्कर लगवाने का जिम्मा दिया। पुराने कलेक्टरेट भवन, जिसे ब्रिटिश शासन के शुरुआती वर्षों के दौरान नमक गोदाम के रूप में जाना जाता था, को आंशिक रूप से ध्वस्त कर दिया गया था और ज़िला कार्यालय के महत्त्वपूर्ण विभागों को समायोजित करने के लिए एक नए विंग का निर्माण किया गया था। मैं स्वाभाविक रूप से नाज़िरख़ाना जाने के लिए उत्सुक था। वहाँ एक स्मार्ट युवक ने नाज़िर के रूप में कार्यभार सँभाल लिया था। कार्यालय में आधुनिक फ़र्नीचर और उपकरण आ गए

थे, वह अब सुन्दर दिख रहा था। हालाँकि, इनमें से किसी का असर मुझ पर अधिक नहीं पड़ा और मैंने नाज़िर से नाज़िरख़ाने में भाँग तैयार करने की प्रथा के बारे में पूछा। नाज़िर निश्चित रूप से इस अप्रत्याशित प्रश्न के लिए तैयार नहीं था। उसने सरकारी कार्यालय में इस तरह की नापाक गतिविधि के बारे में अपनी पूरी अनभिज्ञता जताई। अधिकारियों को भाँग चढ़ाने की शौकीन रस्म को एक आदिम प्रथा समझकर बन्द कर दिया गया था। सुन्दर सिलबट्टे को पुराने भवन के विध्वंस के दौरान जमा हुए विशाल मलबे के साथ छोड़ दिया गया, और 130 साल पुराना सुन्दर चाँदी का बक्सा चोरी ही हुआ होगा—इसकी सुन्दरता और पुरातनता के लिए नहीं, बल्कि विशुद्ध तौर पर इसकी चाँदी के लिए। मुझे निराशा हुई कि 1828 ई. की ऐसी दुर्लभ वस्तु को भावी पीढ़ी के लिए यादगार के रूप में संरक्षित नहीं किया जा सका। मैं नम आँखों के साथ लौट आया।

# शानदार शर्बत और ठंडई

भाँग की सबसे बढ़िया लस्सी की खोज में मैं पुरी के मास्टर शर्बत और ठंडई निर्माता के पास पहुँचा। वह उत्तर काली मन्दिर के पास एक छोटी गली में रहते थे। साठ के पेटे में पहुँचे एक गोरे-अधेड़ आदमी, जो नीचे सफ़ेद बुर्राक धोती पहनते हैं और उनका ऊपरी धड़ वस्त्रविहीन रहता है। उनके कन्धों पर गमछा है, वह पान चबा रहे हैं और उनके मुँह से तम्बाकू की भीनी ख़ुशबू आ रही है। वह पिछले 25 या 30 वर्षों से भाँग की शर्बत या ठंडई बना रहे थे, उन्होंने कहा कि यह कला उन्होंने अपने पिता और पूर्वजों से सीखी।

मास्टर शर्बत बनाने वाले ने कहा, 'भाँग कोई बुरी चीज़ नहीं है। आपको पता होना चाहिए कि इसका सेवन कैसे करना है। इसे कम मात्रा में लिया जाना चाहिए , ताकि आप अच्छे भोजन के बाद भोजन को पचा सकें और एक लम्बे, कठिन दिन के काम के बाद अच्छी नींद ले सकें। भाँग शरीर के लिए औषधि की तरह है। कई बुज़ुर्ग इसे औषधि के रूप में लेते हैं। इसका सेवन सूर्यास्त के बाद ही करना चाहिए। वे सभी मूर्ख लोग जो इसे दिन में खा या पी लेते हैं, उन्होंने भाँग का अच्छा नाम ख़राब कर दिया है।'

वह बोल रहे थे और मैं सोच रहा था कि क्या मुझे यह स्वीकार करना चाहिए कि मैं भी कई सालों से यही बेवक़ूफ़ी कर रहा था। लेकिन, मेरे पास बीच रोड की शानदार यादें थीं, और मुझे नहीं लगता था कि वह इस बात को समझ पाएँगे। साथ ही, मैं उनकी कहानी सुनना चाहता था, उन्हें अपनी कहानी नहीं बताना चाहता था।

'भाँग हज़ारों सालों से इस्तेमाल में है,' शर्बत बनाने वाले ने बात बढ़ाई, 'मेरे दादाजी हर दिन भाँग लेते थे। मेरी माँ ने बताया था कि उनके पिता और दादा भी हर दिन भाँग लेते थे। मैं भी लेता हूँ। मैं शराब को नहीं छूता; इसने इन दिनों सभी युवाओं को वास्तव में भ्रष्ट कर दिया है। मुझे नहीं पता कि सरकार शराब को इतना बढ़ावा क्यों दे रही है और भाँग और गाँजे को रोकने की कोशिश क्यों कर रही है? पुलिस ने मुझे इतना परेशान किया कि मैंने भाँग की लस्सी बनानी और बेचनी बन्द कर दी है। अब मैं केवल अपने बेहद प्रसिद्ध चीनी शर्बत का विज्ञापन करता हूँ, जिसे आप भाँग के साथ या उसके बिना भी बना सकते हैं। मुझे उसकी रेसिपी (नुस्ख़ा) आपके साथ साझा करने में ख़ुशी होगी, लेकिन चलो पहले कुछ शर्बत पीते हैं।'

मेरे लिए शर्बत बनाते हुए उन्होंने कहा :

'भाँग भला जो थोड़ा खाए; मर्द भला जो रोज़ कमाए।'

फिर उन्होंने अपनी रेसिपी बताई।

~

## पानमाधुरी भाँग-मिश्री शरबत

*सामग्री :*

भाँग के पत्ते : 50 ग्राम

मीठी सौंफ के बीज : 10 ग्राम

अजवायन : 10 ग्राम

काली मिर्च : 10 ग्राम

सेंधा चीनी (मिश्री) : 100 ग्राम

*विधि*

- मिश्री को पानी में भिगोकर रात-भर के लिए छोड़ दें। सुबह अच्छी तरह मिलाएँ।
- भाँग के पत्तों को 30 से 40 मिनट तक पानी में उबालें जब तक कि पानी लाल न हो जाए। फिर पानी छान लें। भाँग के पत्तों को फिर सामान्य पानी से धो लें। पानी को निचोड़ लें और फिर पत्तियों को कुछ घंटों के लिए धूप में सुखा लें।
- मीठी सौंफ, काली मिर्च और अजवायन को 30 मिनट के लिए पानी में भिगो दें और फिर भाँग के सूखे पत्तों के साथ मिलाएँ और पेस्ट बनाने के लिए सब कुछ एक साथ पीस लें।
- गाढ़े पेस्ट को मिश्री के सीरप के साथ मिलाएँ और फ्रिज में रख दें। आपका ठंडा और ताज़ा पानमाधुरी भाँग मिश्री शर्बत तैयार है।
- आप चाहें तो इस ड्रिंक को बिना भाँग के भी बना सकते हैं।
- आप इस पेय को कुछ दिनों के लिए रेफ्रिजरेटर में स्टोर कर सकते हैं और मेहमानों को परोस सकते हैं।

## भाँग के लड्डू

*सामग्री :*

भाँग के पत्ते : 100 ग्राम

मीठी सौंफ : 10 ग्राम

अजवायन : 10 ग्राम

हरी इलायची : 10 ग्राम

काली मिर्च : 10 ग्राम

चीनी : 100 ग्राम

देसी घी : 100 ग्राम

*विधि*

- भाँग के पत्तों को 30 से 40 मिनट तक पानी में उबालें, जब तक कि पानी लाल न हो जाए। फिर पानी छान लें। भाँग के पत्तों को फिर से पानी में धो लें। पानी को निचोड़ लें और पत्तियों को धूप में सुखा लें।
- सूख जाने पर, भाँग के पत्तों को बारीक पीस लें, उसमें मीठी सौंफ, अजवायन, हरी इलायची, काली मिर्च डालकर फिर से पीसें। आवश्यकतानुसार चीनी डालें और देसी घी में एक पैन में पेस्ट को तब तक भूनें, जब तक कि चीनी चिपचिपी न हो जाए।
- मिश्रण को प्लेट में खुरचें और देसी घी की सहायता से छोटी-छोटी गोलियों का आकार देना शुरू करें। इसे ठंडा होने दें। आपके भाँग के लड्डू तैयार हैं।

*नोट :* भाँग के लड्डू को महीनों तक सूखे डिब्बे में रखा जा सकता है और शाम को अपनी भूख बढ़ाने और शौच को सुचारु बनाए रखने के लिए लिया जा सकता है। ये लड्डू स्वादिष्ट होते हैं लेकिन अगर आप इन्हें पहली बार खा रहे हैं तो सावधानी बरतें। दस ग्राम का एक भाँग का लड्डू दो या तीन वयस्कों के लिए पर्याप्त हो सकता है।

बच्चों की पहुँच से दूर रखें।

~

**पिस्ता-बादाम, केसर-भाँग शर्बत**

*सामग्री :*

भाँग के पत्ते : 50 ग्राम

बादाम : 100 ग्राम

केसर : 10 ग्राम

मिश्री : 100 ग्राम

*विधि*

- बादाम और मिश्री को रात-भर अलग-अलग भिगो दें।
- सुबह के समय सीरप बनाने के लिए मिश्री और पानी को अच्छी तरह मिलाएँ।
- भाँग के पत्तों को 30 से 40 मिनट तक पानी में उबालें जब तक कि पानी लाल न हो जाए। पानी निथार लें और भाँग के पत्तों को कमरे

के तापमान के पानी में धो लें। पानी को निचोड़ लें और फिर पत्तियों को धूप में सुखा लें।

- भाँग के सूखे हुए पत्तों को बारीक पीस लें। फिर भीगे हुए बादाम को भी केसर के साथ पीस लें और इसे फिर चाशनी के साथ मिला लें। ठंडा और ताज़ा पेय बनाने के लिए फ्रिज में रखें।

*नोट :* आप इस पेय को बिना भाँग के भी बना सकते हैं यदि आप केवल एक शानदार शर्बत पीना चाहते हैं। आप इस पेय को कुछ दिनों के लिए रेफ्रिजरेटर में स्टोर कर सकते हैं और मेहमानों को परोस सकते हैं।

पचास ग्राम भाँग कम से कम 20 से 30 लोगों द्वारा ली जा सकती है यदि वे पहली बार भाँग खा रहे हैं, या अगर उन्होंने नया-नया ही भाँग लेना शुरू किया है। भाँग का अलग-अलग लोगों पर बहुत अलग प्रभाव पड़ता है, कुछ मुस्कुराते रहते हैं और आनन्द से भरे होते हैं, कुछ बस सुन्न हो जाते हैं, कुछ लोग पागल की तरह हरकतें भी कर सकते हैं और कुछ लोग बच्चे की तरह बस सोते रहते हैं।

# त्रिनाथ मेला

मैं पुलिस और आबकारी विभाग के लगभग 30 लोगों की एक टीम के साथ यात्रा कर रहा था, जिन्हें दक्षिण ओडिशा के मलकानगिरी और कोरापुट की झिलमिलाती हरियाली में अवैध गाँजा बागानों को नष्ट करने का काम सौंपा गया था। मैंने देखा कि कुछ कांस्टेबलों ने भाँग के पौधे की कुछ पसन्दीदा कलियों को तोड़ा और उन्हें अपने बैकपैक्स में डाल लिया। हालाँकि, जल्द ही, वे उसी पौधे की 100 एकड़ से अधिक की खेती को उखाड़ने वाले थे।

'तुम उन कलियों का क्या करोगे?' मैंने पूछा।

उनमें से एक ने जवाब दिया : 'ये बाबा को ख़ुश करने के लिए हैं, उनकी पूजा के लिए।' बाबा से उनका मतलब भगवान शिव से था।

दूसरे कांस्टेबल ने समझाया : 'मैं उन्हें पुजारी को दूँगा और पुजारी इसका कुछ उपयोग शिव की पूजा करने के लिए करेगा और बाक़ी को बेच देगा। यदि शिव प्रसन्न होंगे तो देवी पार्वती प्रसन्न होंगी और हमारे जीवन में शान्ति और सुकून रहेगा।'

दोनों कांस्टेबलों ने त्रिनाथ मेले की बात भी बताई। अभी उन्होंने जो कलियाँ इकट्ठा की थीं, वे वहाँ उपयोगी होंगी।

हर रविवार, ओडिशा राज्य के लगभग सभी गाँवों और शहरों

में त्रिनाथ मेला लगता है। त्रिनाथ का अर्थ है—तीन मुख्य देवता यानी ब्रह्मा, विष्णु और महेश्वर, या शिव। त्रिनाथ मेले की ओडिशा सहित देश के विभिन्न हिस्सों में सदियों से परम्परा रही है, और इस परम्परा में गाँजे की बड़ी अहमियत है।

यहाँ त्रिनाथ मेले की उत्पत्ति के बारे में कई लोककथाओं में से एक प्रस्तुत है :

> एक बार एक ब्राह्मण बाज़ार जा रहा था। वह थोड़ा चिन्तित था क्योंकि उसकी गाय खो गई थी। उसने उसे हर जगह ढूँढ़ा था, लेकिन वह कहीं दिखाई नहीं दे रही थी। चलते-चलते उसने थोड़ा आगे एक विशाल बरगद का पेड़ देखा, जिसकी छाया मानो उसे आमंत्रण दे रही थी। वह ठंडक का आनन्द लेने के लिए वहाँ रुक गया और उसने एक गड़गड़ाहट की आवाज़ सुनी।
>
> 'नीचे देखो, और मुझे बताओ कि तुम क्या देखते हो।'
>
> ब्राह्मण को नहीं पता था कि यह किसकी आवाज़ थी, क्योंकि आसपास कोई और नहीं था; वह बिलकुल अकेला था। लेकिन, उसने वैसा ही किया जैसा उसे कहा गया था और नीचे देखा। उसने अपने पैरों के पास तीन सिक्के देखे, जो बरगद के पत्तों से छनकर आ रही सूरज की रोशनी में चमक रहे थे।
>
> 'मैं...मुझे एक आने के तीन सिक्के दिखाई दे रहे हैं,' वह हकलाया।

'उन्हें उठाओ,' आवाज़ ने कहा।

'वे मेरे नहीं हैं,' ब्राह्मण ने कहा, 'मैं उन्हें नहीं ले जा सकता।'

'वे मेरे हैं,' आवाज़ ने कहा, 'और उन्हें मैं देता हूँ। उन्हें उठाओ और बाज़ार जाओ। एक आने का तेल, एक आने का गाँजा और एक आने के पान के पत्ते ख़रीदो।'

ब्राह्मण ने आज्ञा का पालन किया और सिक्के उठा लिये। वह फिर से बाज़ार की ओर चलने लगा। रास्ते में उसे एक दोस्त मिला और वे बातें करने में खो गए। उन्होंने अपनी ख़रीदारी समाप्त की और लौटने के लिए मुड़े। लेकिन, ब्राह्मण ने उसी समय अपना सन्तुलन खो दिया और गिर गया, और जब उसने उठने की कोशिश की, तो वह उठ नहीं पाया। कई बार की उसकी कोशिश असफल रही। फिर अचानक, जब वह लुढ़का और उसका सिर बाज़ार की तरफ़ हुआ, तो आश्चर्यजनक तौर पर उठ खड़ा हुआ।

'यह एक संकेत है,' उसके दोस्त ने कहा, 'देवता आपको बता रहे हैं कि बाज़ार में आप कुछ काम अधूरा छोड़ आए हैं।'

उसी समय ब्राह्मण की धोती में बँधे सिक्के खनके और उसे याद आया। वह उन तीनों चीज़ों को लेने के लिए बाज़ार में वापस आ गया। पान और गाँजा तो आसानी से मिल गए, लेकिन तेल ले जाने में समस्या थी।

'मैं एक आने का तेल ले सकता हूँ?' ब्राह्मण ने कोल्हू वाले से पूछा।

'निश्चित रूप से,' कोल्हू वाले ने कहा, 'अपना लोटा दो।'

'ओह, मैं तो लोटा नहीं लाया,' ब्राह्मण ने कहा। तभी उसके कान में आवाज़ गूँजी : 'अपनी धोती को फैला दो। मुझ पर विश्वास करो।'

ब्राह्मण ने अपनी धोती का पल्लू फैलाया और कोल्हू वाले को उसमें तेल डालने के लिए कहा। तेल बेचने वाले ने उसे सन्देह से देखा, लेकिन ब्राह्मण अपनी धोती को पकड़े हुए खड़ा रहा। तेल-विक्रेता ने सोचा कि ब्राह्मण दिमाग़ से सीधा है और इसमें उसने एक आना झटकने का मौक़ा देखा। उसने ब्राह्मण की धोती के किनारे पर तेल का एक डिब्बा पोंछ दिया और कहा, 'बस! एक आने में इतना ही मिलता है।'

ब्राह्मण ने धन्यवाद देकर अपना रास्ता पकड़ा। तेल-विक्रेता मन में मुस्कुराते हुए दुकान में घूमा, लेकिन अचानक ही उसकी कोहनी से तेल के डब्बे पर धक्का लगा और वह गिर गया। ज़मीन पर तेल फैलने लगा। जब तक तेल-विक्रेता ने फिर से कैन समेटा, तब तक उसमें केवल एक आना मूल्य का तेल ही बचा था।

वह ब्राह्मण के पीछे दौड़ा और माफ़ी माँगी, 'मुझे खेद है। मैंने तुम्हें धोखा देने की कोशिश की। कृपया अपना तेल ले लो।'

ब्राह्मण मुस्कुराया और अपनी धोती की किनारी फिर से फैला दी। तेल बेचने वाले ने तेल डाला और लो, उस धोती में तेल टिक गया। जैसे, धूप में सोने का एक छोटा-सा चमकता हुआ ढेर, वैसी ही आभा के साथ।

चमत्कार को पहचानकर तेल-विक्रेता ने सिर झुका दिया।

ब्राह्मण जिस रास्ते से आया था, उसी रास्ते से वापस चला गया, और जब वह बरगद के पेड़ के पास पहुँचा, तो आवाज़ आई : 'क्या आप प्रसाद लाए हैं?'

'हाँ, मेरे प्रभु,' ब्राह्मण ने कहा और उन्हें नीचे रखने वाला ही था कि फिर से आवाज़ आई, 'आप इनको घर ले जा सकते हैं।'

'लेकिन, मेरे प्रभु, वे आपके हैं।'

'मेरा क्या नहीं है?' आवाज़ ने पूछा।

ब्राह्मण अब ख़ुद को रोक नहीं सका और पूछ बैठा, 'क्या मैं पूछ सकता हूँ कि कौन बोल रहा है?'

'मैं त्रिनाथ हूँ, समय का स्वामी। तुम मुझे निर्माता, संरक्षक और विध्वंसक कहते हो। तुम मुझे भगवान ब्रह्मा, भगवान विष्णु और भगवान शिव कहते हो, लेकिन मैं तीनों एक में ही हूँ और मुझे प्रसन्नता है कि तुम मुझे त्रिनाथ कहते हो। अब घर जाओ और मेरी पूजा करो, स्तुति गाओ और इन वस्तुओं

को उस आग को अर्पित कर दो, जिसे मैंने मानव सभ्यता की शुरुआत में ओम से जलाया था।'

ब्राह्मण ने घर जाकर आग जलाई और त्रिनाथ को भेंट चढ़ानी शुरू की। जैसे ही उसने पान के पत्ते डाले, उसने एक धीमी रँभाने की आवाज़ सुनी। वह जानता था कि यह उसकी गाय बोल रही है, लेकिन वह भगवान की स्तुति करता चला गया। उसने तेल डाला और एक और आवाज़ सुनी। यह एक बछड़े की आवाज़ थी। गाय ने बुढ़ापे में बच्चे को जन्म दिया था। उसने गाँजे का भोग चढ़ाया और बहुत ख़ुश होकर नाचने लगा। पास से गुज़र रही एक राजकुमारी ने उसे नाचते हुए देखा। वह भोलेनाथ की कृपा से ब्राह्मण की संक्रामक ख़ुशी के प्रेम में पड़ गई। राजकुमारी ने उसे अपने महल में बुलाया और वह अपनी गाय और बछड़े के साथ चला गया और वे हमेशा के लिए ख़ुशी से रहने लगे।

~

मैंने अपने गाँव के त्रिनाथ मेले में जाने का फ़ैसला किया, जो राज्य की राजधानी भुवनेश्वर से लगभग 60 किलोमीटर दूर है। हमारे अलावा लगभग 20 और परिवार, गौडाचेल्ली नुआसाही नामक इस गाँव के विस्तारित हिस्से में रहते हैं। इन सभी के पूर्वज आज़ादी से ठीक पहले घनी आबादी वाले मुख्य गाँव से यहाँ इस बंजर सरकारी भूमि पर आकर बस गए थे।

उन्होंने बंजर भूमि को जोता; उनके पास कोई विकल्प नहीं था क्योंकि उनके पास बेहतर ज़मीन ख़रीदने के लिए पैसे नहीं थे, न ही शिक्षा तक पहुँच थी जो उन्हें अन्य व्यवसायों में ले जाती। तब से, चीज़ें बदल भी गई हैं और नहीं भी बदली हैं। आज, गौड़ाचेल्ली नुआसाही के कई पुरुष ओडिशा के विभिन्न शहरों, यहाँ तक कि केरल, गोवा और तमिलनाडु जैसे अन्य राज्यों में भी मज़दूरों और ड्राइवरों के रूप में काम करते हैं। गाँव में भगवान शिव और त्रिनाथ के लिए एक-एक मन्दिर है। त्रिनाथ मन्दिर एक ठोस छत वाला कमरा है, जिसका क्षेत्रफल लगभग 30 वर्ग फ़ीट है।

ग्रामीणों को यह नहीं पता कि वास्तव में वहाँ त्रिनाथ मेला किसने शुरू किया था, लेकिन बुज़ुर्गों का कहना है कि यह लगभग 35 साल पहले पीपल के पेड़ के नीचे शुरू हुआ था। वर्तमान त्रिनाथ मन्दिर लगभग दस साल पहले बनाया गया था। त्रिनाथ मेला हर रविवार को लगता है, और प्रत्येक परिवार बारी-बारी से इसमें योगदान देता है, हालाँकि कोई भी परिवार क़तार में पहले पूजा करने की अनुमति माँग सकता है, यदि उसने कोई मनौती मानी हो।

मैंने इस पुस्तक की सफलता के लिए जनवरी 2024 के तीसरे रविवार को त्रिनाथ मेला जाने का निर्णय लिया। मैं दोपहर में गाँव पहुँचा और लकड़ी की आँच पर बनी शानदार चिकन करी और साग का आनन्द लिया। मैं शाम का इन्तज़ार कर रहा था। मेरी भाभी ने कहा, 'मेले में जाने से पहले तुम्हें अपने कपड़े बदलने होंगे। ये कपड़े अब अशुद्ध हो गए हैं क्योंकि तुमने इन्हें पहनकर चिकन खाया है।'

नए कपड़े पहनकर, मैं त्रिनाथ मन्दिर के पुजारी से मिलने गया,

जिन्होंने मुझे प्रसाद के रूप में सेब, केले, नारियल और चूड़ा खरीदने को कहा। मेले की मुख्य सामग्री, निश्चित रूप से, पान, तेल और गाँजा थे जिसका इन्तज़ाम नीलू को करना था। नीलू हमारे पड़ोस से है जो नियमित तौर पर त्रिनाथ मेला जाता है।

जब नीलू मेरी माँ से इन तीन मुख्य वस्तुओं के लिए पैसे लेने आई या तो मैंने इन चीज़ों की ख़रीदारी में साथ जाने का फ़ैसला किया। मैंने पूछा कि हम कहाँ जाएँगे तो उसने कहा, 'गाँव में दो-तीन लोग गाँजा बेचते हैं।'

'वे इसे केवल पूजा के लिए बेचते हैं या हम इसे अपने लिए भी ख़रीद सकते हैं?'

'अब बहुत से लोग गाँजा पीते हैं,' उसने कहा, 'यहाँ तक कि जो मौसा हमें इसे बेचेंगे, वह भी पीते हैं।' मौसा ओडिशा में वृद्ध पुरुषों के लिए सम्मान के लिए इस्तेमाल होने वाला शब्द है।

'मौसा अपने घर से गाँजा बेचते हैं या खेतों में बनी छोटी-सी झोंपड़ी से।' नीलू ने अपनी बात जारी रखी, 'कुछ लोग शाम को वहाँ गाँजा पीने जाते हैं।'

तेल-पान ख़रीदने के बाद हम मौसा के घर की तरफ़ गए। हमने एक-दो बार घर का दरवाज़ा खटखटाया। एक महिला अन्दर फ़ोन पर बात कर रही थी, और फिर हमने उनका शिकायती लहजा सुना, 'ग़ज़ब है। काम, काम, पूरे दिन, सुबह से रात तक, और अगर आप जरा देर बैठकर पाँच मिनट टीवी देखने लगो या फ़ोन पर बात करने लगो, तो कोई न कोई दरवाज़ा पीटता हुआ चला आता है।' कुछ मिनट दरवाज़े पर इन्तज़ार करने के बाद हमने फिर से खटखटाया। आवाज़ आई,

'मौसा घर पर नहीं है, खेतों में जाओ'...उसके बाद वह फिर फ़ोन पर बड़बड़ाने लगी।

हम वहाँ से निकले, अपनी मोटरबाइक गाँव के बाहरी इलाक़े में खेत के एक तरफ़ पार्क की, और फिर एक छोटी-सी झोंपड़ी में चले गए। अँधेरा था, और झोंपड़ी में मद्धिम रोशनी थी। छत इतनी नीची थी कि मुझे यह देखने के लिए झुकना पड़ा कि अन्दर क्या है। मद्धिम प्रकाश मिट्टी के फ़र्श पर किसी चीज़ से टिकाई हुई मशाल से आ रहा था। हमने देखा कि दो लोग फ़र्श पर बिछे चपटे कार्डबोर्ड के डिब्बों पर बैठे थे। उनके सामने, एक हल्के हरे रंग की पॉलिथीन शीट पर, अख़बार के टुकड़ों में लिपटी गाँजे की छोटी-छोटी पुड़ियाओं का ढेर था। नीलू ने मुझे बताया था कि छोटे पैकेट की क़ीमत 20 रुपये है। हमने दो माँगे और मौसा को पचास रुपये का नोट थमा दिया। उन्होंने हमें बाक़ी पैसा लौटाया और निर्विकार भाव से मेरी तरफ़ देखा। मैंने पैकेट की सामग्री की जाँच की। फिर वे और वह दूसरा, थोड़ा छोटे क़द का आदमी अपनी गाँजा पैकिंग में वापस जुट गए।

शाम क़रीब सात बजे सभी लोग जमा हो गए। त्रिनाथ मन्दिर में वे छोटे बरामदे वाले फ़र्श पर बैठ गए। पुजारी ने मेले की तैयारी शुरू कर दी, जबकि एक अन्य व्यक्ति ने मेरे लाए गाँजे को कूटना शुरू कर दिया। एक युवा लड़के ने त्रिनाथ मेले की किताब से ज़ोर से पाठ शुरू कर दिया। मैंने छोटे से मन्दिर के अन्दर देखा। चार पत्थर की मूर्तियाँ थीं : ब्रह्मा, विष्णु, महेश्वर और गणेश। मैं थोड़ी देर इधर-उधर घूमा, फिर जाकर गाँजा कूटने वाले आदमी के पास बैठ गया।

उसने थोड़ा गाँजा चिलम में डालकर पीना शुरू कर दिया। कुछ

लम्बे कश खींचने के बाद, उन्होंने मुझे बताया कि ड्रम बजाने वाला व्यक्ति आज आया नहीं है क्योंकि उसके परिवार में बच्चा पैदा हुआ है और वह शुद्धिकरण समारोह पूरा करने के बाद ही मेले में शामिल हो सकता है। जो आदमी आमतौर पर झाँझ बजाता था, वह भी ग़ायब था; वह किसी दूसरी जगह गया था, जहाँ उसकी अधिक ज़रूरत थी।

'आपको पूरा मेला देखने के लिए किसी और दिन आना होगा जब संगीतकारों की पूरी टीम यहाँ होगी; यह देखने लायक होता है।'

चिलम के धुएँ से मुझे थोड़ा चक्कर आया। मैं पीनेवाले से थोड़ा दूर चला गया।

किसी ने त्रिनाथ मेले वाली किताब पढ़ने वाले लड़के को थोड़ा धीमा पढ़ने के लिए कहा ताकि मैं भी उसे समझ सकूँ।

भीड़ में से किसी और ने मुझे बताया कि गाँव के बुज़ुर्गों ने इस छोटे से मन्दिर को बनाने के लिए कितना संघर्ष किया था और मन्दिर के उद्घाटन के समय आयोजित पहले मेले पर 50,000 रुपये से अधिक ख़र्च किये थे। उन्होंने मुझे गाँव वापस आने और मेले का हिस्सा बनने, मन्दिर को बेहतर बनाने में मदद करने के लिए भी कहा। 'आप धन्य होंगे,' उन्होंने मुझे भरोसा दिलाया।

त्रिनाथ मेले वाली पुस्तक का पाठ लगभग 30 मिनट में पूरा हुआ। उस समय तक, पुजारी प्रसाद तैयार कर चुका था। जो आदमी गाँजा पी रहा था, वह भंड हो चुका था और मैं भी लगभग वैसी ही हालत में था। वैसे, केवल हम दोनों ही भंड नहीं थे। एक आदमी साफ़ तौर पर नशे में दिख रहा था। किसी ने बताया कि इस आदमी के पास एक

ठेकेदार से रोज़ मुफ़्त शराब आती है जो गाँव के पास एक छोटा बैराज बना रहा है। मैंने यह नहीं पूछा कि बैराज के निर्माण और मुफ़्त शराब के बीच क्या सम्बन्ध है? नशे में धुत्त व्यक्ति ने मुझे एक बड़े मन्दिर के लिए पैसे दान करने के लिए अपने 'विदेशी सम्पर्कों' का उपयोग करने के लिए कहा। मेरे चारों ओर एक फुसफुसाहट-सी फैली थी और हर कोई उसकी बात से सहमत लग रहा था।

'त्रिनाथ मेला आकर आपकी मनोकामनाएँ पूरी हुई हैं?' मैंने लोगों से पूछा।

'ओह, बहुत सारी इच्छाएँ। इतनी सारी कि आप गिन नहीं सकते,' किसी ने कहा।

'यदि तुम विश्वास करते हो तो परमेश्वर है; यदि नहीं, तो यह एक पत्थर है,' नशे में धुत्त आदमी ने कहा।

एक मौसा ने कहा, 'मेरी प्रार्थना हमेशा भगवान त्रिनाथ द्वारा सुनी गई है। मेरे दोनों बेटे अब केरल में ट्रक ड्राइवर के रूप में काम कर रहे हैं।'

'त्रिनाथ मन्दिर बनाने के बाद, हमें पक्की सड़क मिली...' एक आदमी ने कहा।

'...और बिजली,' एक और आदमी ने जोड़ा।

'सरकार की ओर से पक्के मकान। मुफ्त!' तीसरे ने कहा।

'और पानी।'

'लेकिन वह अब बन्द हो गया है।'

'सब राजनीति है! भगवान त्रिनाथ पानी वापस ले आएँगे, आप देखिएगा।'

'अगर आप अपना वोट 10,000 रुपये में बेचेंगे तो भगवान त्रिनाथ इसमें क्या कर लेंगे?'

'क्या तुमने नहीं सुना जब त्रिनाथ की किताब पढ़ी जा रही थी? भगवान त्रिनाथ कुछ भी कर सकते हैं। वह अन्धों को दिखला सकते हैं और लँगड़ों को चलने के काबिल बना सकते हैं। वह एक मरे हुए आदमी को फिर से जीवित कर सकते हैं।'

'वह गरीबों के देवता हैं। वह एक घरेलू देवता हैं। उनकी पूजा करने के लिए ब्राह्मणों की जरूरत नहीं है। हमारे गाँव में ब्राह्मण नहीं हैं लेकिन फिर भी हमारे पास त्रिनाथ मेला है। कोई भी उनकी पूजा कर सकता है।'

सभी ने प्रसाद खाया और उस मख़मली अँधेरे में अपनी मशालें चमकाते हुए घर चले गए।

# भाँग डॉक्टर

मुझे लगता है कि हर कोई जो भाँग या गाँजा पीता है, ख़ुद के भाँग डॉक्टर या गाँजा डॉक्टर होने का दावा करता है। वे सभी कहते हैं कि भाँग और गाँजे में औषधीय गुण होते हैं और उन्हें हज़ारों वर्षों से दवा के रूप में इस्तेमाल किया जाता है। वे कहते हैं कि आयुर्वेद इसकी पुष्टि करता है (जो सच है)। मुझे यक़ीन नहीं है कि उनमें से किसी ने कभी भाँग और गाँजे से सम्बन्धित कुछ भी पढ़ा है—चाहे वह किसी वेद में हो या मेडिकल जर्नल में—लेकिन इससे उन्हें कोई फ़र्क़ नहीं पड़ता। वे इन चमत्कारी दवाओं के बारे में बड़ी-बड़ी घोषणाएँ करते रहते हैं।

मैंने भी ऐसा ही किया था जब मुझे भाँग और गाँजे की लत थी। वे लगभग हर बीमारी का इलाज हैं, मैं कहा करता, और उनका कोई दुष्प्रभाव नहीं है। मुझे लगता है कि मैंने अपनी लत को सही ठहराने के लिए ऐसा किया। कई अन्य लोग भी इसी कारण से ऐसा करते हैं।

बहुत से लोग, जिन्हें मैं जानता हूँ और जो नियमित रूप से भाँग पीने वाले हैं, वे मानते हैं कि यदि आप सेक्स से पहले थोड़ी-सी भाँग पीते हैं तो आप लम्बे समय तक टिके रहते हैं और अपने साथी को ज़्यादा आनन्द दे सकते हैं। मुझे याद नहीं है कि मेरे साथ ऐसा हुआ

है या नहीं। मुझे शायद ही कभी पता चला कि मैंने कब गाँजा पिया था और कब भाँग पी थी। वैसे भी मैं ज़्यादातर भंड होकर बहुत दूर चला जाता था।

एक महिला मित्र ने मुझे हाल ही में बताया कि वह दिन-भर की कड़ी मेहनत के बाद आराम महसूस करने के लिए हर दिन एक ज्वाइंट फूँकती है। मैंने पूछा कि क्या वह भी इसके औषधीय गुणों में विश्वास करती है, और उसने जवाब दिया कि वह करती है। 'इस बारे में यूट्यूब पर हज़ारों लेख और वीडियो हैं,' उसने कहा।

मुझे हज़ारों के बारे में तो पता नहीं है, लेकिन इंटरनेट पर आप एक बार खोजेंगे तो विश्राम और नींद के लिए भाँग-गाँजे से बने तेल और गोलियाँ बेचने वाली सैकड़ों साइटें खुल जाएँगी। इंटरनेट या आपके आसपास मौजूद लगभग हर आयुर्वेदिक चिकित्सक आपको बताएगा कि शास्त्रों और पुराणों में भाँग के असीम औषधीय गुणों के बारे में विस्तृत जानकारी दी गई है। क्या वास्तव में ऐसा है? क्योंकि अगर वास्तव में ऐसा होता, तो रामायण में हनुमान अत्यंत दुर्लभ संजीवनी जड़ी-बूटी के लिए महासागरों-महाद्वीपों और लगभग आधी दुनिया में क्यों उड़े—जिसे वे पहचान नहीं सके और इसलिए एक पूरे पहाड़ को उखाड़ लाए?

या, यह हो सकता है कि संजीवनी जड़ी-बूटी वास्तव में हिमालय में उगने वाले भाँग के पौधे की कोई विशेष किस्म ही हो?

ख़ैर, कम से कम ओडिशा में यह आम धारणा है कि भाँग एक चमत्कारिक दवा है। कई लोग—और न केवल वे जो इसका सेवन करते हैं—भाँग-गाँजे को भी देवताओं का वरदान और देवताओं के लिए एक उपहार मानते हैं। शायद यही कारण है कि ओडिशा में सरकारी

भाँग की दुकानों पर लोगों को यह बताने के लिए नोटिस नहीं लगाया जाता है कि भाँग का सेवन स्वास्थ्य के लिए हानिकारक है, या इससे मनोवैज्ञानिक समस्याएँ हो सकती हैं। शराब की प्रत्येक बोतल और सिगरेट के हर पैकेट पर, इन उत्पादों के उपभोग के ख़तरों के बारे में अक्सर बीमारी और मृत्यु की ग्राफ़िक छवियों के साथ लिखित चेतावनियाँ होती हैं। लेकिन, भाँग के पैकेटों पर आपको ऐसी कोई चेतावनी नहीं मिलती है।

मेरे विचार से, यह अच्छी और समझदारी की बात है।

~

ओडिशा के हर शहर और गाँव में आपको एक कबिराज मिल जाएगा। शब्दकोश के मुताबिक कबिराज 'पूर्वी भारतीय उपमहाद्वीप में एक व्यावसायिक वर्ग' है। मैंने एक शब्दकोश देखा तो पाया कि 'पुराने दिनों में, पारम्परिक रूप से आयुर्वेद का अभ्यास करने वाले लोगों को आमतौर पर पूर्वी भारत में कबी या कोबी (कवि) कहा जाता था।'

ओडिशा के कबिराज भाँग के स्वास्थ्य लाभों में बहुत विश्वास रखते हैं और उनके बहुत अनुयायी भी हैं। वे सर्दी और खाँसी से लेकर कैंसर तक सब कुछ ठीक करने का दावा करते हैं और कई लोग चिकित्सा सलाह के लिए उनके पास जाते हैं। उनमें रसूखदार और ताक़तवर लोग भी शामिल हैं।

राज्य के सबसे पुराने राजनेताओं में से एक ने कई अवसरों पर टेलीविज़न पर घोषणा की है कि भाँग पीने में कुछ भी ग़लत नहीं है; वास्तव में, इससे उन्हें बहुत फ़ायदा होता है। उदाहरण के लिए, यह

उनकी आँतों को साफ़ करने में कमाल का काम करता है। वह कहते हैं कि रात में एक गिलास लस्सी कुछ भाँग, बेल, पके केले और पनीर के साथ लें, और गन्दगी सुबह एक लम्बी, मोटी, सुन्दर लच्छेदार टुकड़े में चिकनी होकर आसानी से निकलती है। रिपोर्टर उनके मज़ाक़िया इंटरव्यू पर हँसते हैं और लोग उन्हें भाँग दादा कहते हैं।

ओडिशा में कई आयुर्वेदिक क्लीनिक हैं जो भाँग और गाँजे को दवा के रूप में सुझाते हैं। मैंने कुछ लोगों को फ़ोन करने और उनसे मिलने का फ़ैसला किया, ताकि ज़रूरी हो तो पुस्तक के लिए उनका साक्षात्कार कर सकूँ।

मैंने जिस पहले आयुर्वेदिक डॉक्टर को फ़ोन किया, उसने मुझे यह बताने से इनकार कर दिया कि उसने किस बीमारी के उपचार के लिए भाँग का इस्तेमाल किया। उन्होंने कहा कि मुझे अपना शोध ख़ुद करना चाहिए, सभी शास्त्रों को पढ़ना चाहिए, यह पता लगाने के लिए कि भाँग और गाँजे में औषधीय गुण हैं या नहीं। उन्हें कोई सन्देह नहीं था कि उनमें ये गुण हैं, लेकिन वह मुझे कैमरे पर या फ़ोन पर भी साक्षात्कार देने के लिए सहमत नहीं हुए।

इसी तरह दूसरी जगहों के दौरे से अलग-अलग परिणाम मिले : भुवनेश्वर के एक क्लिनिक में मुझे बताया गया कि भाँग में वास्तव में औषधीय गुण होते हैं, लेकिन मुझे विवरण के लिए गूगल पर खोज करनी चाहिए।

एक क्लिनिक में प्रवेश द्वार के बाहर विभिन्न देवताओं की दस या 15 तस्वीरें लगी थीं। अन्दर, एक महिला पूजा कर रही थी और एक छोटी-सी घंटी बजा रही थी। मैंने उसकी पूजा ख़त्म होने का इन्तज़ार

किया, फिर उससे पूछा कि क्या कोई डॉक्टर है जिससे मैं आयुर्वेदिक दवाओं के बारे में बात कर सकता हूँ। उसने जवाब दिया कि वे अब दवाएँ नहीं देते हैं, केवल आरामदेह आयुर्वेदिक मालिश करते हैं और मुझे उसका उपयोग करना चाहिए। जब मैंने पूछा कि क्या वह भाँग और गाँजे को दवा के रूप में इस्तेमाल किये जाने के बारे में कुछ जानती हैं, तो उन्होंने कहा कि मुझे हर दिन कम से कम कुछ मिनटों के लिए किसी भी भगवान से प्रार्थना करनी चाहिए और इससे मुझे आराम महसूस करने और रात को अच्छी नींद लेने में मदद मिलेगी।

एक दूसरी महिला आयुर्वेदिक डॉक्टर को अच्छी नींद के लिए भाँग की सिफ़ारिश करने में कोई हिचकिचाहट नहीं हुई। वह ख़ुद इसके लिए थोड़ी भाँग लेती हैं। बस थोड़ी-सी, हर शाम। शास्त्रों ने भाँग के बारे में बहुत अच्छी बातें कही हैं, मुझे उनका अध्ययन करना चाहिए, लेकिन भाँग को सीधे दवा के रूप में इस्तेमाल नहीं किया जा सकता; इसके सभी हानिकारक प्रभावों को दूर करने के लिए इसे शुद्ध करना पड़ता है। उन्होंने कहा कि भाँग पारम्परिक चिकित्सा में एक महत्त्वपूर्ण घटक था, और पारम्परिक चिकित्सा ने लाखों लोगों को सभी प्रकार की बीमारियों से मुक्त किया है।

एक और आयुर्वेदिक क्लिनिक को फ़ोन करने पर, मुझे फ़ोन पर एक गम्भीर आवाज़ वाली बूढ़ी महिला मिलीं। उन्होंने मुझे बताया कि उनके पिता वैद्य थे और उनकी मृत्यु के बाद भी उन्होंने उनका नेक काम जारी रखा है। उनका परिवार 70 से अधिक वर्षों से आयुर्वेदिक चिकित्सा का काम कर रहा है। मैंने उनसे भाँग के बारे में पूछा। 'इसमें कई अच्छे गुण हैं,' उन्होंने बिना किसी हिचकिचाहट के कहा। 'भाँग

का उपयोग अच्छी नींद के लिए निद्रोदय-रस बनाने और रक्त को शुद्ध करने के लिए भी किया जाता है। हम इसका उपयोग नहीं करते हैं, लेकिन इसका उपयोग कई अच्छे लोगों द्वारा किया जाता है और कई आयुर्वेदिक चिकित्सा पुस्तकों में इसके उपयोग का उल्लेख है, इससे दवा बनाने के सूत्र दिये गए हैं।' मैंने पूछा कि क्या मैं अधिक जानकारी के लिए उनसे मिल सकता हूँ, इस पर उन्होंने जवाब दिया, 'इस विषय पर कई किताबें हैं, आपको उन्हें पढ़ना चाहिए। वे सभी बाज़ार में या ऑनलाइन उपलब्ध हैं।'

एक और वैद्य को मैंने फ़ोन किया और उन्होंने बताया कि उनके क्लिनिक का एक लम्बा इतिहास है, 'इसे 1872 में मेरे परदादा के पिता ने शुरू किया था, हमने उनकी विरासत को जारी रखा है। कई शास्त्रों में भाँग और गाँजे के औषधीय गुणों का उल्लेख है। जड़ी-बूटी को शुद्ध किया जाता है और दवाओं में उपयोग करने से पहले न्यूरोटॉक्सिन को बाहर निकाला जाता है, लेकिन आप देखते हैं कि बहुत से लोग इसका सीधे उपयोग करते हैं और इसके आदी हो जाते हैं, वे इसे नशे के रूप में इस्तेमाल करते हैं, दवा के रूप में नहीं। यह ग़लत है।' उन्होंने मुझे उन सभी बीमारियों की एक सूची भेजने का वादा किया जो भाँग से ठीक हो सकती हैं, और विभिन्न दवाएँ बनाने के बारे में विवरण साझा करने का भी वादा किया। मैंने कई दिनों तक इन्तज़ार किया, लेकिन उनकी तरफ़ से कुछ नहीं आया।

भाँग के उपचारात्मक गुणों में व्यापक विश्वास के बावजूद, 2019 में, ओडिशा सरकार ने फार्मास्युटिकल उद्योग की ओर से आए भाँग की खेती के प्रस्तावों को ख़ारिज कर दिया। सरकार ने कहा कि इससे

लोगों को नुक़सान हो सकता है। राज्य में अब तक भाँग-गाँजे की खेती एक अवैध गतिविधि बनी हुई है।

10 मई, 2023 को, एक धार्मिक निकाय द्वारा दायर याचिका के बाद, ओड़िया भाषा, साहित्य और संस्कृति विभाग ने सभी ज़िला कलेक्टरों और पुलिस अधीक्षकों को शिव मन्दिरों में गाँजे के उपयोग पर प्रतिबन्ध लगाने के लिए 'आवश्यक क़दम उठाने' का निर्देश दिया। एक आधिकारिक बयान में कहा गया है, 'राज्य के सभी शैव मन्दिरों में गाँजे के उपयोग पर प्रतिबन्ध लगाया जाएगा।'

क्या भगवान शिव इसकी अनुमति देंगे?

~

मेरे ऑनलाइन शोध के दौरान, मुझे कई दिलचस्प साइटें मिलीं जो कैनाबिस (भाँग) के ज़िम्मेदार उपयोग का समर्थन करती हैं। Hempcann.in हमें बताता है :

> भाँग एक प्राचीन पौधा है और पिछले 2,500 वर्षों से मनुष्यों द्वारा इसका उपयोग किया जा रहा है। आयुर्वेद में, भाँग को विजया कहा जाता है, जिसका अर्थ है विजेता। यह शरीर के एंडोकैनाबिनोइड सिस्टम (ईसीएस), प्रतिरक्षा प्रणाली को नियमित बनाती है और हमें मनोवैज्ञानिक तौर पर स्वस्थ रखती है।
>
> यह फ़ार्माकोलॉजी में सबसे बहुमुखी पौधा है...और भाँग के पौधे का अर्क, कई बीमारियों के प्रबन्धन में उपयोगी होता

> है, जैसे—कैंसर, मतली और एनोरेक्सिया, मधुमेह, अनियमित आंत्र सिंड्रोम, हृदय रोग, चिन्ता और अवसाद, दर्द प्रबन्धन, तंत्रिका सम्बन्धी विकार, न्यूरो-डीजेनेरेटिव रोगों, ग्लूकोमा, पीटीएसडी, ओसीडी, सोरायसिस और अन्य त्वचा विकार, अस्थमा, क्रॉनिक किडनी रोग, ऑटो इम्यून डिसॉर्डर, दस्त, माइग्रेन, ड्रग डी एडिक्शन, प्रजनन विकार, तनाव, अनिद्रा ...आदि के लिए यह काफ़ी फ़ायदेमन्द है।
>
> भाँग के बीज रक्तचाप और कोलेस्ट्रॉल को नियंत्रित करने में मदद करते हैं...ओमेगा फ़ैटी एसिड की उपस्थिति के कारण यह बालों और त्वचा के लिए बहुत अच्छा है। इसके एंटी-ऑक्सीडेंट गुण हमारी त्वचा को जीवन्त बनाते हैं।

मुझे नहीं पता कि यह कितना सच है, लेकिन मेरे शोध ने मुझे ऑनलाइन कुछ विद्वानों के लेखों तक पहुँचाया, जिनमें इसी तरह की बातें कही गई थीं। मैं श्री सी. द्वारकानाथ, सलाहकार, स्वदेशी चिकित्सा प्रणाली, भारत सरकार, स्वास्थ्य मंत्रालय, नई दिल्ली के 1 जनवरी, 1965 के एक लेख के अंश नीचे प्रस्तुत कर रहा हूँ :

> **परिचय**
>
> अफ़ीम और भाँग को आयुर्वेद और यूनानी तिब्बी चिकित्सा प्रणालियों द्वारा दस शताब्दियों से अधिक समय से चिकित्सीय एजेंट के रूप में इस्तेमाल किया गया है। यह सिद्ध करने के लिए कोई प्रत्यक्ष प्रमाण नहीं है कि इन दवाओं को आठवीं शताब्दी

ईस्वी से पहले आयुर्वेद द्वारा मान्यता दी गई थी, हालाँकि, कात्यायन द्वारा 'पाणिनी' के 'वर्तिका' और 'अष्टाध्यायी' के दिये एक सन्दर्भ से पता चलता है कि भाँग भारत में ईसा पूर्व चौथी और तीसरी शताब्दी की शुरुआत से जानी जाती थी। इस दवा के चिकित्सकीय उपयोग का किसी भी समकालीन कार्य में सन्दर्भ नहीं दिया गया है। सुश्रुत (सर्जन, लगभग चौथी शताब्दी ईसा पूर्व) ने कहा कि दर्द के प्रति संवेदनहीन बनाने के लिए शल्य चिकित्सा से पहले सुरा (शराब) का उपयोग किया जाना चाहिए। चिकित्सक चरक ने किसी मादक पेय, जैसे, सुरा, सिद्धू, अरिष्ट, मधु, मदिरा या आसव—को गर्भवती महिला के शरीर से मृत भ्रूण निकालने के बाद, उसे दर्द सहने के लिए देना निर्धारित किया है। इनके कार्यों में भाँग या अफ़ीम के एनाल्जेसिक के रूप में उपयोग करने का कोई सन्दर्भ नहीं है। इससे यह निष्कर्ष निकलता है कि भले ही भाँग की जानकारी तत्कालीन दौर में भी थी, लेकिन उस समय के सर्जनों और चिकित्सकों द्वारा इसे चिकित्सीय एजेंट के रूप में मान्यता नहीं दी गई थी। वेदों, पुराणों और प्रारम्भिक आयुर्वेदिक चिकित्सा के ग्रन्थों जैसे 'चरक संहिता' (तीसरी से दूसरी शताब्दी ईसा पूर्व), 'सुश्रुत संहिता' (पाँचवीं से चौथी शताब्दी ईसा पूर्व), वाग्भट्ट (पाँचवीं शताब्दी ईस्वी) की जुड़वाँ कृतियों अर्थात, 'अष्टांग हृदय' और 'अष्टांग समाग्रह' में अफ़ीम के सन्दर्भ उपलब्ध नहीं हैं।

भाँग और अफ़ीम दोनों के सन्दर्भ 12वीं से 13वीं शताब्दी

ईस्वी में पशु चिकित्सा और उससे सम्बन्धित कार्यों में दिखाई देते हैं। जयादित्य, अपनी किताब, 'अश्ववैद्यक'—घोड़ों के उपचार पर एक ग्रंथ—में अफ़ीम का सन्दर्भ देते हैं। इसको 12वीं और 13वीं शताब्दी ईस्वी के दौरान किसी समय लिखा गया माना जाता है। 'शाङ्र्गधर संहिता' (13वीं शताब्दी ईस्वी) में भाँग के ताज़ा अर्क से हो सकने वाली चिकित्सा को शामिल किया गया है। चिकित्सा पर आधिकारिक आयुर्वेदिक किताबों जैसे 'धन्वंतरि निघंटू' (8वीं शताब्दी ईस्वी), 'मदनपाल निघंटू' (1374 ईस्वी) और 'राजा निघंटू' (1450 ईस्वी) ने भाँग और अफ़ीम दोनों के गुणों, कार्यों और संकेतों का वर्णन किया है। पेरासेलसस के समकालीन भावमिश्रा (15वीं शताब्दी ईस्वी) ने चिकित्सा विज्ञान पर अपने संग्रह 'भावप्रकाश' में भाँग और अफ़ीम दोनों के गुणों, कार्यों, संकेतों और दवाओं का वर्णन किया है। बहुत बाद में, आयुर्वेदिक चिकित्सा कार्यों ने इन दो को अधिक महत्त्व दिया है और उन्हें बड़ी संख्या में दवाओं में शामिल किया है।

भारतीय किंवदंतियों और परम्पराओं ने शैव और शाक्त सम्प्रदायों के साथ भाँग और अफ़ीम को जोड़ा है। इन सम्प्रदायों से सम्बन्धित साधु और योगी या तो भाँग या अफ़ीम या दोनों का उपयोग करने के लिए जाने जाते हैं ताकि परमात्मा पर ध्यान लगाया जा सके। भाँग कुछ वर्गों द्वारा विभिन्न रूपों में तैयार कर धार्मिक अनुष्ठानों में उपयोग की जाती है। भारत के कुछ

हिस्सों में, होली और शिवरात्रि जैसे अवसरों पर लस्सी या ठंडई के तौर पर भाँग का सेवन किया जाता है।

ऐसा प्रतीत होता है कि भाँग और अफ़ीम को ईसा पूर्व चौथी से तीसरी शताब्दी की शुरुआत में भी बीमारियों के उपचार में पारम्परिक लोक चिकित्सा द्वारा प्रयोग किया जाता था। पिछली दो शताब्दियों के दौरान, पारम्परिक लोक चिकित्सा और शास्त्रीय भारतीय चिकित्सा लगभग पर्यायवाची बन गए हैं। भाँग और अफ़ीम युक्त कई दवाओं ने शास्त्रीय आयुर्वेद में प्रवेश पा लिया है।

## यूनानी तिब्बी में भाँग और अफ़ीम

यूनानी तिब्बी प्रणाली ने आयुर्वेद की तुलना में बहुत पहले भाँग और अफ़ीम को चिकित्सीय एजेंट के रूप में मान्यता दे दी थी। आयुर्वेदिक प्रणाली ने अरबी चिकित्सा से भाँग और अफ़ीम को अपनाया है, जिसे मुसलमानों द्वारा लगभग नौवीं शताब्दी ईस्वी के आसपास भारत लाया गया था। अरबी चिकित्सा को इसके ग्रीक मूल के कारण भारत में 'यूनानी तिब्बी' के नाम से जाना जाता है। डायोस्कोराइड्स (पहली शताब्दी ईस्वी) ने भाँग और अफ़ीम दोनों का वर्णन किया था, और उन्हें चिकित्सीय उद्देश्यों के लिए उनका उपयोग करते देखा जा सकता है। गैलियन (138-201 ईस्वी) और रेजेस (865-925 ईस्वी) ने इन औषधियों, उनके चिकित्सकीय कामों

> और उपयोगों का विस्तृत विवरण दिया है। 'फ़िरदौस-उल-हिकमत' और 'मुजरबत क़ानून' जैसी आधिकारिक अरबी और फ़ारसी की चिकित्सकीय किताबों ने न केवल इन दवाओं के गुणों का वर्णन किया है, बल्कि उनमें शामिल कई यौगिकों मिश्रणों को भी शामिल किया है। ऐसा लगता है कि भाँग और अफ़ीम युक्त लिंक्टस वाली दवाएँ अरब, फ़ारस और मुस्लिम शासन वाले भारत में लोकप्रिय थीं। भारत में यूनानी तिब्बी चिकित्सा पद्धति में बड़ी संख्या में ऐसी दवाइयाँ हैं, जिनमें ये दोनों औषधियाँ शामिल हैं।

द्वारकानाथ बहुत शानदार जानकारी देते हैं। मेरा सुझाव है कि आप इसे पढ़ें और आपके 15 या 20 मिनट बहुत अच्छी तरह से बीतेंगे। उनका पूरा लेख संयुक्त राष्ट्र के ड्रग्स एंड क्राइम कार्यालय की वेबसाइट* पर उपलब्ध है।

* https://www.unodc.org/unodc/en/data-and-analysis/bulletin/bulletin_1965-01-01_1_page004.html

# बात अफ़ीम की

भाँग और गाँजे पर शोध के लिए मैं आबकारी विभाग के कार्यालय में अकसर आता-जाता था। अपनी इन यात्राओं के दौरान, मैंने इनसे सम्बन्धित एक और लोकप्रिय ड्रग अफ़ीम के उपयोग के बारे में भी कुछ तथ्य एकत्र किये। सबसे दिलचस्प जानकारी अफ़ीम कार्ड और ओडिशा में सरकार के अफ़ीम मुक्ति कार्यक्रम के बारे में थी।

पुरी के बीच रोड इलाक़े में मैंने काली चाय के साथ अफ़ीम लेने की कोशिश की थी और इसे तंबाकू के साथ भी पिया था। लेकिन, मैंने कभी अफ़ीम-उपयोगकर्ता कार्ड के बारे में नहीं सुना था। मैंने जब इनके बारे में जाना, तो मुझे इस प्राचीन—और एक समय में लगभग घरेलू—ड्रग के उपयोग के बारे में और अधिक जानकारी प्राप्त करने की इच्छा हुई। इस खोज ने मुझे अफ़ीम के कुछ व्यसनियों (एडिक्ट्स) तक तो पहुँचाया ही, मैं उन प्रभारी अधिकारियों से भी मिला जो ओडिशा आबकारी विभाग के माध्यम से अफ़ीम की ख़रीद और वितरण का काम देखते थे।

# अफ़ीम कटर

मैं ओडिशा के कटक में सेंट्रल भाँग और अफीम गोला में अफीम कटर हूँ। मेरी उम्र लगभग 60 साल है। अपनी सही उम्र मैं अपना आधार कार्ड देखने के बाद आपको बता सकता हूँ। मैंने 1984 के आसपास अफीम कटर के रूप में काम करना शुरू किया। मेरे पिता 1955 से यहाँ अफीम कटर का काम कर रहे थे। जब वह बहुत बूढ़े हो गए और उनके सेवानिवृत्त होने का समय आया, तो उन्होंने आबकारी विभाग में बड़े साहबों से मुझे अफीम कटर के रूप में नियुक्त करने का अनुरोध किया।

मेरे पिता ने मुझे सिखाया कि कैसे ठोस अफीम के बड़े और भारी टुकड़े को सरसों तेल से नरम बनाया जाए और फिर इसे एक-एक ग्राम की गोलियों में काटा जाए। उन्होंने मुझसे कहा कि एक दिन, मेरी नौकरी एक स्थायी सरकारी नौकरी हो सकती है अगर मैं इसे लगन से सीखूँ। मैं एक छोटा लड़का था और मैंने अफीम की गोलियाँ जल्दी-जल्दी बनाने की कला अच्छे से सीख ली।

मैंने अफीम कार्ड के बारे में सुना है, जो उन लोगों को दिया जाता है जिन्हें स्वास्थ्य कारणों से अफीम की आवश्यकता होती है। मुझे नहीं पता कि अफीम कार्ड पहली बार कब जारी किया गया था, लेकिन मेरे पिता बताते हैं कि यह तब भी जारी होता था, जब उन्होंने अफीम कटर के रूप में काम शुरू किया था। मुझे यह भी नहीं पता कि अफीम कार्ड क्यों जारी किये गए थे, लेकिन मैंने सुना है कि अस्थमा से पीड़ित लोगों को भी ये अफीम कार्ड जारी किये गए थे। अब कोई नया अफीम कार्ड जारी नहीं किया जा रहा है। मेरे विचार से कार्ड वर्ष 2005 तक जारी किये गए थे। मुझे नहीं पता कि आबकारी विभाग ने नए कार्ड जारी करना क्यों बन्द कर दिया।

कई लोगों ने अफीम को नशे के रूप में इस्तेमाल करने के लिए कार्ड का उपयोग किया। उन्हें स्वास्थ्य सम्बन्धी कोई समस्या नहीं थी। उन दिनों, हम हर साल लगभग 50 किलोग्राम अफीम का प्रसंस्करण करते थे, अब कई कार्डधारक मर गए हैं, और हम एक वर्ष में केवल 10 से 12 किलोग्राम अफीम बनाते हैं।

मुझे कभी अफीम की लत नहीं लगी, लेकिन अगर आप पूरे दिन अफीम के साथ काम करते हैं, तो आप वास्तव में इसकी गंध से ही नशे में आ जाते हैं। कभी-कभी मैं अफीम लगे हाथों को बिना धोए ही बिस्किट और चाय खा-पी लेता हूँ। जब मैं अफीम में सरसों का तेल डाल रहा होता हूँ, तो कभी-कभी मुझे बहुत ज्यादा नशा हो जाता है। मैंने अफीम

को संसोधित करने के लिए कभी भी किसी फेस मास्क या हाथ के दस्ताने का उपयोग नहीं किया है! गर्मी के दिनों में, जब आप कच्चे अफीम को सरसों के तेल में प्रॉसेस करते हैं, तो इसकी गंध असहनीय हो जाती है। हो सकता है कि तेल त्वचा के माध्यम से शरीर में प्रवेश करता हो और इसके साथ कुछ अफीम भी शरीर में चली जाती हो। मैं काम करने के बाद लगातार कभी-कभी एक या दो दिन तक सोता हूँ। मैंने अफीम का सेवन किये बिना ही नशा किया है, और कभी-कभी, मैं सोचता हूँ कि अगर मैं वास्तव में इसका सेवन करता तो मुझे कितना नशा हो जाता। मैंने सुना है कि लोग अफीम मुँह में डालकर चाय के साथ पीते हैं, लेकिन मैंने कभी यह नहीं किया।

मैंने कभी किसी के अफीम के ओवरडोज से मरने के बारे में नहीं सुना है, लेकिन मैंने अक्सर लोगों के मिलावटी शराब से मरने के बारे में सुना है।

जब मैंने 1984-85 के आसपास काम करना शुरू किया, तो मुझे एक किलोग्राम अफीम प्रॉसेस करने के 12 रुपये मिलते थे। हजारों अफीम की गोलियाँ बनाने के बाद भी मुझे हर महीने बहुत कम पैसे मिल रहे थे। मैं दैनिक मज़दूरी के आधार पर काम करता था और भाँग गोला में मुझे महीने में 20 से 22 दिन काम मिलता था। कभी-कभी, मैं अपने घर से भाँग गोला तक 30 किलोमीटर साइकिल चलाकर आता था, लेकिन मुझे बिना किसी काम के घर लौटना पड़ता था।

उन दिनों, मैं जवान था, मैं आसानी से साइकिल चला सकता था; अब मैं बस लेता हूँ।

उन दिनों अफीम काटने वाले हम चार थे, अब मैं अकेला हूँ। मेरा एक सहायक भी है। उसके पिता भी अफीम कटर का काम करते थे, लेकिन मेरे बेटे ने यह कला नहीं सीखी है। मैं उसे धीरे-धीरे सिखा रहा हूँ। ऐसा नहीं है कि किसी ने मुझे उसे सिखाने के लिए कहा है। वह अच्छा लड़का है। वह जल्द ही इस कला को सीख लेगा।

अफीम कटर का वेतन पर्याप्त नहीं है, लेकिन मैं क्या कर सकता हूँ? मैं किसी तरह काम चला रहा हूँ, क्योंकि मेरे पास खेती की ज़मीन और अन्य पैतृक सम्पत्ति है और मेरे पिता का बनाया हुआ एक घर भी है। मेरे गाँव में, लोग कभी-कभी मेरे बच्चों से पूछते हैं : 'तुम्हारे पिता कहाँ काम करते हैं? आबकारी विभाग? तब तो वह बहुत पैसा कमाता होगा।' लेकिन, मेरा वेतन हमारा पेट भी नहीं भर पाता। मेरा विश्वास करो, मैं अपने लिए नए कपड़े भी नहीं खरीद सकता। मैं आठ दिनों तक ही महीने में काम कर सकता हूँ क्योंकि अफीम कार्डधारकों की संख्या बहुत कम है और मुझे एक दिन के 351 रुपये मिलते हैं।

मैंने अक्सर इस नौकरी को छोड़ने और दूध या कुछ और बेचने के बारे में सोचा है—कोई भी ऐसा काम, जहाँ मैं बेहतर पैसा कमा सकूँ। लेकिन, ऐसा लगता है कि समय पंख लगाकर उड़ गया है, और अब मैं एक-एक ग्राम की अफीम

की गोलियाँ बनाने के अलावा कुछ भी करने के लिहाज से बहुत बूढ़ा हो गया हूँ।

मैं अपने पिता के शब्दों पर विश्वास करते हुए काम करता रहा कि हो सकता है एक दिन यह स्थायी सरकारी नौकरी बन जाए और सभी सरकारी लाभों के साथ अच्छा वेतन और सेवानिवृत्ति के बाद पेंशन भी हो, लेकिन ऐसा कभी नहीं हुआ।

मेरे पिता ने भी अपना सारा जीवन अफीम कटर के रूप में बिता दिया और आबकारी विभाग और सरकार के लिए दैनिक वेतनभोगी कर्मी के रूप में काम करते हुए ही उनकी मृत्यु हो गई। अब मैं भी दिहाड़ी मजदूर के रूप में काम करते हुए लगभग मर चुका हूँ। मैंने शादी की, बच्चे हुए और वे बूढ़े हो रहे हैं और मैं अभी भी इन्तजार कर रहा हूँ कि सरकार मेरी नौकरी स्थायी करे और मुझे सभी लाभ दे।

बहुत से लोग मुझसे अफीम माँगने आते हैं; वे पैसे की पेशकश करते हैं, लेकिन मैंने हमेशा लोगों से अफीम न लेने और इसके बजाय दवा लेने के लिए कहा है, अगर वे अच्छा महसूस नहीं कर रहे हैं। मुझे पता है कि आप अफीम लेते हैं, तो आप भाँग के विपरीत ऊर्जावान महसूस करते हैं, आपको अच्छी नींद आती है। मैंने कई महिलाओं को भी अफीम लेते हुए देखा है, कभी-कभी पति-पत्नी दोनों को साथ-साथ।

मुझे नहीं लगता कि मेरे बाद कोई अफीम कटर बनेगा। मैं दूसरों को सिखाऊँगा, अगर साहब मुझे ऐसा कहेंगे, जैसे

मेरे पिता ने मुझे सिखाया था। मेरे पिता को एक आबकारी अधिकारी ने कुछ अन्य लोगों के साथ अफीम कटर के रूप में काम करने के लिए एक गाँजे की दुकान से उठाया था, जब सरकार ने अफीम कार्ड जारी करना शुरू किया था।

मेरे पिता को कभी अफीम की लत नहीं लगी। मैंने विभाग के किसी भी व्यक्ति को भाँग गोला से अफीम चुराते या अफीम का आदी होने के बारे में कभी नहीं सुना है।

मैंने साहबों को कई पत्र और आवेदन लिखे हैं कि मुझे स्थायी सरकारी कर्मचारी बनाया जाए, लेकिन मुझे कोई जवाब नहीं मिला। मैंने कटक में उड़ीसा के उच्च न्यायालय में एक मामला दायर किया है और सरकार से मेरी सेवा को नियमित करने और मुझे सरकारी लाभ देने का अनुरोध किया है। तीन साल हो गए हैं, लेकिन अभी तक कुछ नहीं हुआ है। मैं साहबों के सामने बहुत रोया हूँ। कई साहबों ने वादे किये, लेकिन कुछ नहीं हुआ। मेरे जैसे कई दूसरे भी स्थायी नौकरी के इन्तजार में मर चुके हैं। मैं भी शायद इन्तजार करते-करते मर जाऊँ।

# अफ़ीम के लती कार्डधारक

आबकारी विभाग का ओडिशा अफ़ीम नशामुक्ति कार्यक्रम कई दशकों से चल रहा है, हालाँकि ओडिशा के आबकारी विभाग ने 2004 या 2005 से नए अफ़ीम नशामुक्ति कार्ड जारी करना बन्द कर दिया था। इसके बावजूद, इस किताब के लिखे जाने के समय राज्य में अभी भी 200 से अधिक 'सक्रिय' (एक्टिव) अफ़ीम के लती या नशेड़ी हैं। ओडिशा में 25 दिसम्बर, 2022 तक 236 अफ़ीम कार्डधारक जीवित थे, जिनके लिए अफ़ीम का वार्षिक उठाव 22 किलो, 475 ग्राम था।

प्रत्येक ज़िले के मुख्य चिकित्सा अधिकारी (सीएमओ) की सिफ़ारिश पर आबकारी विभाग द्वारा अफ़ीम नशामुक्ति कार्ड जारी किये जाते थे। यह सीएमओ का काम था कि वह प्रमाणित करे कि किसी व्यक्ति पर अन्य दवाओं का असर नहीं हो रहा है और फिर सावधानीपूर्वक चिकित्सा परीक्षा के बाद ही दी जाने वाली अफ़ीम की मात्रा तय करे। अधिकांश कार्ड पुराने और बुज़ुर्ग नशेड़ियों को जारी किये गए थे, लेकिन कुछ मामलों में, अस्थमा या क्रोनिक ब्रोंकाइटिस जैसी गम्भीर स्थितियों वाले युवा लोगों को भी दिये गए थे।

उत्तर प्रदेश का सरकारी अफ़ीम और अल्कलॉइड वर्क्स भारत का सबसे पुराना अफ़ीम कारख़ाना है और कटक में ओडिशा आबकारी विभाग के केन्द्रीय भाँग और अफ़ीम गोला को औषधीय अफ़ीम की आपूर्ति करता है। इससे पहले, एक आबकारी निरीक्षक ओडिशा के आबकारी विभाग से औपचारिक अनुरोध-पत्र लेकर उत्तर प्रदेश में गाजीपुर जाता था। इस पत्र में ओडिशा अफ़ीम नशामुक्ति कार्यक्रम के तहत अफ़ीम कार्डधारकों द्वारा उपभोग के लिए आवश्यक मात्रा का उल्लेख होता था। लेकिन, कोरोना महामारी के बाद, यह अफ़ीम बीमाकृत स्पीड पोस्ट के माध्यम से भेजी जाती है।

एक बार जब अफ़ीम सेंट्रल भाँग और अफ़ीम गोला में आ जाती है, तो अफ़ीम कटर काम पर लग जाता है, अफ़ीम को छोटे टुकड़ों में काटता है और उन्हें तौलता है। फिर अफ़ीम के छोटे टुकड़ों को दो वर्गाकार रबर के टुकड़ों के बीच में रखकर जोर से दबाया जाता है, जिससे वे पतली परत में ढल जाते हैं। फिर अफ़ीम की पतली परत को एक ग्राम की गोल गोलियों में बदल दिया जाता है, जिसे बाद में लपेटकर विशेष रूप से डिज़ाइन किये गए चौकोर पारदर्शी प्लास्टिक कंटेनर में पैक किया जाता है। इस कंटेनर को ओडिशा राज्य सरकार के सरकारी प्रेस में उत्पादित और मुद्रित किया जाता है। प्रत्येक पारदर्शी प्लास्टिक कंटेनर में इसे ट्रेस करने के लिए एक ख़ास संख्या होती है और इसे आसानी से पहचानने के लिए एक ख़ास नीले रंग से रँगा जाता है। प्रत्येक कंटेनर में एक ग्राम की 25 काली अफ़ीम की गोलियाँ होती हैं।

अफ़ीम की ये गोलियाँ सप्ताह के प्रत्येक सोमवार और मंगलवार को प्रॉसेस और पैक की जाती हैं। इसके बाद प्रदेश के अलग-अलग

ज़िलों से आबकारी निरीक्षक सेंट्रल भाँग और अफ़ीम गोला से व्यक्तिगत रूप से ज़िलावार अपना कोटा लेने आते हैं। ज़िला आबकारी कार्यालय से एक निश्चित तिथि को ये गोलियाँ कार्डधारकों को बाँटी जाती हैं। अफ़ीम कार्डधारक अपना कोटा लेने के लिए अपने कार्ड के साथ सम्बन्धित आबकारी स्टेशन आते हैं। प्रत्येक व्यक्ति को उसके कोटे के अनुसार दी गई अफ़ीम को अफ़ीम कार्ड में सावधानी से दर्ज किया जाता है और कार्डधारक प्रत्येक प्रविष्टि के सामने हस्ताक्षर करता है। सब कुछ बिना किसी मशीन की सहायता के किया जाता है। चूँकि इन टैबलेट पर राजकीय सहायता दी जाती है, इसलिए कार्डधारक प्रत्येक ग्राम अफ़ीम के लिए केवल चार रुपये का भुगतान करते हैं।

कार्ड रखने वालों को मिलनेवाली सब्सिडी वाली अफ़ीम का न्यूनतम कोटा पाँच ग्राम और अधिकतम 25 ग्राम तक हो सकता है। अफ़ीम कार्ड का हर साल नवीनीकरण किया जाता है। अफ़ीम के आदी की मौत होने पर अफ़ीम कार्ड आबकारी विभाग को सौंप दिया जाता है।

# अफ़ीम कार्ड रखने वाला सुनार

मेरे पिता 102 साल से अधिक जीवित रहे और वे अफीम के आदी थे। छुटपन में मैं बहुत स्वस्थ नहीं था। मैं अस्थमा और अन्य श्वसन समस्याओं से पीड़ित था। मेरे पिता ने मुझे 12 साल की उम्र में दवा के रूप में थोड़ी अफीम देना शुरू कर दिया था।

पिता ने कभी मुझे बताया था कि उन्होंने 15 साल की अवस्था में अफीम लेना शुरू कर दिया था। उनके पास नशामुक्ति का कार्ड था। उनकी मृत्यु के बाद, मैंने वर्ष 1999 के आसपास खुद के अफीम नशामुक्ति कार्ड के लिए आवेदन किया। तब से मुझे आबकारी विभाग से हर महीने 15 ग्राम अफीम मिल रही है। अब मैं बूढ़ा हो रहा हूँ, और मुझे हर महीने कुछ और ग्राम अफीम की जरूरत होती है। मुझे बहुत ख़ुशी होगी, अगर विभाग मेरा कोटा बढ़ाकर 20 ग्राम प्रति माह कर दे। मेरे पिता का कोटा 25 ग्राम प्रति माह था।

मैं हर दिन अफीम के आधा ग्राम की दो खुराक लेता हूँ : एक बार सुबह और एक बार शाम को। मैं अस्थमा

से पीड़ित हूँ, इसलिए मेरे डॉक्टरों ने भी अफीम लेना जारी रखने का सुझाव दिया। मुझे चाय के साथ अफीम पसन्द है, कॉफी के साथ नहीं।

मुझे कोई अन्य बीमारी नहीं है क्योंकि मैं नियमित रूप से अफीम लेता हूँ। अफीम एक बहुत अच्छी दवा है। दस्त और यहाँ तक कि कैंसर के पुराने दर्द से पीड़ित कई लोग मेरे पास आते हैं और मुझसे थोड़ी अफीम देने के लिए कहते हैं। कभी-कभी, मैं उन्हें दे देता हूँ क्योंकि मैं लोगों को दर्द में देखना सहन नहीं कर सकता। लेकिन, मैं कितनों की मदद कर सकता हूँ? अगर मुझे अफीम का पूरा कोटा नहीं मिलता, तो मैं चल भी नहीं पाता, काम नहीं कर पाता।

एक बार, एक आबकारी अधिकारी मुझे मेरा कोटा देना भूल गया और छुट्टी पर अपने गाँव चला गया, मैं तीन दिनों तक बिना अफीम के रहा। मैं बीमार हो गया और मुझे शौचालय के बगल में एक बिस्तर पर रखा गया क्योंकि मुझे बार-बार पेशाब जाना पड़ता था। मेरे भाई और परिवार के अन्य सदस्य मुझे कलेक्टर से मिलवाने ले गए। तब कलेक्टर ने आबकारी अधिकारी को बुलाया और उससे कहा कि अगली उपलब्ध बस से अपने कार्यालय जाएँ और मुझे अफीम का कोटा दें। इसलिए मैं बच गया, वरना मैं उस समय मर सकता था। उस दिन से, विभाग यह सुनिश्चित करता है कि मुझे अपना कोटा समय पर मिले, चाहे कुछ भी हो जाए।

अफीम लेने के बाद मैं दस किलोमीटर चल सकता हूँ, कुछ दिनों तक बिना भोजन के रह सकता हूँ और साथ

ही काम भी कर सकता हूँ। मैं बहुत साफ़-साफ़ देख सकता हूँ क्योंकि जब आप अफीम खाते हैं, तो आपकी आँखों की रोशनी में सुधार होता है—मेरे पिता 100 साल की उम्र में भी बहुत साफ देख पाते थे। वह मेरी तरह ही एक सुनार थे और सोने के आभूषणों की बहुत बारीक डिजाइनों पर बिना किसी सहायता के काम करते थे। जीवन में कुछ भी हो, अगर आप अफीम लेते हैं तो हमेशा शान्त रहते हैं, हर मुश्किल का सामना कर सकते हैं।

मैं शादीशुदा हूँ, मेरे दो स्वस्थ बच्चे हैं। मेरे पिता की दो बार शादी हुई थी और उनके 18 बच्चे थे। दो पहली पत्नी से और उनकी मृत्यु के बाद, मेरी माँ से 16, सभी स्वस्थ। अफीम आदमी को मजबूत बनाती है।

मेरी पत्नी भी अपने लिए अफीम कार्ड बनवाना चाहती है, लेकिन विभाग ने इसकी मंजूरी नहीं दी। उनका कहना है कि उन्होंने अब ये कार्ड देना बन्द कर दिया है। क्या आप कुछ मदद कर सकते हैं, सर? उनके स्वास्थ्य में सुधार होगा।

हमारे शहर में 100 से अधिक अफीम कार्डधारक थे, लेकिन अब केवल दो ही जीवित हैं। सभी अफीम पीनेवाले 85 से 95 साल तक जिए। अफीम किसी को नहीं मारती; यह एक बहुत अच्छी दवा है। मेरा एक और अफीम का लती दोस्त था जो लगभग 75 वर्ष का था। एक रात, जब वह सो रहा था, छत का पंखा उसके सिर पर गिर गया और उसकी मृत्यु हो गई। यह पंखा है जिसने मेरे दोस्त को मारा, अफीम

ने नहीं...लोग तो यह भी कहते हैं कि अगर कोई साँप मुझे काट ले तो साँप मर जाएगा, मैं नहीं मरूँगा।

मेरे पिता कभी-कभी मेरी सभी बहनों और भाइयों को अफीम देते थे जब वे बचपन में बीमार होते थे, लेकिन मेरे अलावा किसी को भी इसकी लत नहीं लगी। मैं अपने पिता के बहुत करीब था। उन्होंने मुझे बीच-बीच में थोड़ी-थोड़ी अफीम दी ताकि मैं बिना थके काम कर सकूँ।

एक और दोस्त जो अफीम का आदी था, मेरे पिता की तरह 100 से अधिक वर्षों तक जिया था; उनकी मृत्यु स्वाभाविक तौर पर बुढ़ापे की वजह से हुई। काश, आबकारी विभाग के बड़े अधिकारी मेरे जैसे लोगों की बात सुनते और अफीम का कोटा बढ़ा देते; इससे मेरे जैसे बूढ़े लोगों की मदद होती!

# अफ़ीम खाकर हैजा से बची

मेरा नाम पार्वती है। मुझे ठीक से याद नहीं है कि मुझे अफीम की लत कब लगी। मैं लगभग 30 या 31 साल की थी जब मैं हैजा से बहुत बीमार पड़ गई। मेरे पिता ने मुझे इलाज के लिए जिला हैजा अस्पताल में भर्ती कराया। डॉक्टरों ने मुझे ड्रिप पर रखा : 70 या 80 पानी की बोतलें, एक के बाद एक, कई दिन, मुझे चढ़ती रहीं, लेकिन मेरे दस्त बन्द नहीं हुए। मैं तीन महीने तक अस्पताल में रही, और हर किसी ने कहा कि मैं बचने वाली नहीं हूँ। मैं बहुत गम्भीर हालत में थी, सर; डॉक्टरों को भी उम्मीद नहीं रही थी। मेरे पिता अफीम के आदी थे और उनके पास एक सरकारी अफीम कार्ड था। जब बाक़ी सब कुछ विफल हो गया, तो उन्होंने मुझे अपनी अफीम में से थोड़ा-सा चाटने के लिए कहा, और चमत्कारिक रूप से, मेरे स्वास्थ्य में सुधार हुआ।

उसके बाद मैं थोड़ी-थोड़ी अफीम लेती रही, और जब तक मैं हैजा से उबरी, मुझे लगता है कि मैं अफीम की आदी

हो गई थी। मैं कुछ भी नहीं छिपाती; मैं हमेशा सच कहती हूँ। मेरे बात करने के तरीके का बुरा मत मानो, सर; मैं एक खुले दिल और खुली जुबान वाली औरत हूँ। मुझे अफीम पसन्द है।

रोजाना मैं दो बार अफीम का आधा-आधा ग्राम खाती हूँ। चूँकि सरकार मुझे हर महीने केवल दस ग्राम अफीम देती है, इसलिए मुझे पाँच ग्राम कम हो जाता है, जिसे मैं बाहर से खरीदने के लिए मजबूर हूँ। लेकिन, खुले बाजार से मुझे जो अफीम मिलती है, वह सरकार से मिलनेवाली अफीम के आसपास भी नहीं होती है।

मेरे पिता ने मुझे अपने हैजा का इलाज करने के लिए अफीम दी, लेकिन मुझे इसकी लत लग गई, और अब मैं इसे नहीं छोड़ सकती सर। यह बेहतर होगा अगर मुझे यह थोड़ी और मात्रा में दी जाए। मैं खुलकर कहती हूँ सर, बुरा मत मानो। थोड़ी और अफीम मेरे लिए अच्छी होगी। मुझे कोई अन्य स्वास्थ्य समस्या नहीं है, लेकिन जब मेरे पास अफीम नहीं होती है, तो मैं बस छींकती रहती हूँ और आँखों से आँसू आने लगते हैं। हाँ, जब मैं अपनी अफीम खा लेती हूँ, तो मैं फिर से ताजा हो जाती हूँ।

हालाँकि, मुझे शर्म आती है जब लोग कहते हैं : 'देखो! एक औरत अफीम खा रही है।' अब, कई महिलाएँ शराब पीती हैं और धूम्रपान करती हैं, लेकिन मैं एक दूसरे दौर से हूँ। मेरे पिता अफीम खाते रहे और 80 से अधिक वर्षों तक

जीवित रहे। एक दिन पान बनाते समय उन्हें दिल का दौरा पड़ा और उनकी मौत हो गई।

मैं कोई दूसरी दवा नहीं लेती, सर। मैं अब अफीम लेना बन्द नहीं कर सकती। मैं उस अधीक्षक, पानी बाबू को धन्यवाद देती हूँ, जिन्होंने मेरा अफीम कार्ड बनाया, मुझे अभी भी वह याद हैं।

# अफ़ीम कार्ड

('चिकित्सकीय आधार पर अफ़ीम खाने की' अनुमति)

FORM O.P. III
( See rule 20(2) )

Sadar. 'A' Range

Permit No. 1/2003

Permit for the possession of opium for personal consumption in the State of Orissa

1) Permit-holder's name:- Sri [redacted]
2) Father's/Husband name:- Late [redacted]
3) Religion or caste:- Hindu
4) Apparent age :- 65 years
5) Address in full:- Vill- [redacted], Cuttack
6) Occupation :- Cultivation

Purpose for which the permit is granted:- For eating Opium

Reference to medical certificate:-

1) Name and address of the Medical Board which granted the certificate:- C.D.M.O, Cuttack
2) Date of Certificate:- Vide letter no. 4840, dt 29.4.2[illegible]
3) Drug recommended:- Medicinal opium
4) Quantity recommended per month:- 15 Tabs per month
5) Personal identification marks of the permit holder as verified by the medical Board:- 1) 2) 3)

This permit is granted under and subject to the provisions of Narcotic Drugs and Psychotropic Substances Act, 1985 and the rules, regulations and orders made thereunder to Sri [redacted] at Banava, Cuttack hereinafter referred to as "the permit holder" on payment of a fee of Rs. 18/- vide [illegible] 9-7-03 authorising him to buy, posses, transport and consume opium subject to the following conditions:-

CONDITIONS

This permit shall remain in force from 1.11.03 to 30.10.04 (both days inclusive).

The permit-holder shall as soon as possible present this permit before the local Inspector or Sub-Inspector of Excise for his countersignature and in any case not later than one month from the receipt of this permit.

3) 1) The permit-holder shall not purchase during any one month opium exceeding 7 (Seven) grams;

Provided that this quantity may be reduced during the currency of the permit in accordance with the provision in Orissa Narcotic Drugs and Psychotropic Substances Rule, 1989.

2) The permit-holder shall not possess at any one time more than 5 grams of opium.

4) 1) The permit-holder shall not obtain his supplies of opium from any place except from a depot established under rule 24 of Orissa Narcotic Drugs and Psychotropic Substances Rules, 1989.

2) The permit-holder shall get the details of the purchase entered on the reverse of the permit by the Officer-in-charge of the depot, before he removes from the depot the opium purchased by him.

3) No opium other than opium obtained under this permit shall be transported, possessed or consumed by the permit-holder.

5) The opium purchased under this permit shall neither be used by any person other than the permit-holder nor shall it be used for any purpose other than the purpose for which this permit is granted.

6) The privileges of purchase, transport and possession of opium granted under this permit shall extend only so far as they are incidental to its consumption in accordance with this permit.

7) The permit shall be non-transferable and may be suspended or cancelled in accordance with the provisions of Orissa Narcotic Drugs and Psychotropic Substances Rules, 1989.

8) In case the permit is cancelled during its currency or is not renewed on its expiry, the whole of the unconsumed stock of opium shall forthwith be surrendered to the Collector or authorised officer.

Granted this 23rd day of Oct. 2003

Seal

Signature or left hand thumb impression of the permit-holder.

23/10/2003

Authorised Officer

Countersigned.

Inspector/Sub-Inspector of Excise

(Reverse of the permit)

# भारत में अफ़ीम उन्मूलन

(भारत में अफ़ीम के 'अर्द्ध-चिकित्सकीय उपयोग' और प्रतिबन्ध पर सर रामनाथ चोपड़ा और आई.सी. चोपड़ा द्वारा 1955 में लिखे गए एक आलेख के अंश*)

भारत में, अफ़ीम के दो रूप आम तौर पर धूम्रपान के लिए उपयोग किये जाते हैं; मदक और चंडू। मदक का उपयोग चंडू की तुलना में पूरे देश में बहुत अधिक व्यापक रहा है, और अधिकांश हिस्सों में, इसको गाँजे या सिगरेट की तरह पिया जाता है। संक्षेप में, इसकी तैयारी ऐसे होती है : कच्ची अफ़ीम को पानी के साथ मिलाया जाता है, फिर इसे उबाला जाता है। उबलते तरल की सतह पर मैल के रूप में बनने और जमा होने वाली अशुद्धियों को धीरे-धीरे हटा दिया जाता है। एक मोटी तह बनने तक हीटिंग को जारी रखते हैं। फिर इसे कपड़े के एक टुकड़े के माध्यम से छान लिया जाता है, और बबूल के जले हुए पत्तों को धीरे-धीरे इसके साथ मिलाया जाता है जब तक कि यह एक गाढ़े, कड़े पेस्ट की तरह नहीं

* https://www.unodc.org/unodc/en/data-and-analysis/bulletin/bulletin_1957-01-01_3_page002.html

बन जाता। इस पेस्ट को फिर छोटी-छोटी गोलियों में बाँट लेते हैं, जिनको मदक गोली कहा जाता है। अब यह धूम्रपान के लिए तैयार है। आम तौर पर अफ़ीम के एक औंस से ढाई औंस के मदक तैयार किये जाते हैं। कभी-कभी, बबूल के पत्तों के बजाय, आँवला, सफ़ेद बबूल और पान के पत्तों का भी उपयोग किया जाता है। पहले के दिनों में, जले हुए सोने या चाँदी के तार (कलाबत्तू) को भी इसमें जोड़ा जाता था, क्योंकि यह माना जाता था कि ये मिश्रण कामोद्दीपक और बल-प्रदाता है।

चंडू, चंडूल, या शुद्ध अफ़ीम, ज़्यादा नशे वाली चीज़ है और भारत में केवल उन लोगों द्वारा इस्तेमाल की जाती है जो भारी धूम्रपान करने वाले हैं। चंडू को अफ़ीम के छने हुए घोल को पानी में तब तक उबालकर तैयार किया जाता है जब तक कि यह गाढ़ा न हो जाए। जैसे-जैसे गाढ़ापन बढ़ता है, उबलने वाले द्रव्य की सतह पर पपड़ी बनने लगती है। इन्हें तब तक हटाते रहते हैं, जब तक कोयले के टार की तरह के रंग की लिसलिसी और ठोस प्रकृति की अफ़ीम नहीं बन जाती। यह 'स्मोकेबल तत्त्व' है और अफ़ीम पीनेवालों का चंडू या चंडूल। आमतौर पर जो चंडू पिया जाता है, उसमें अक्सर चंडू पाइप से निकाली गई खुरचन मिली होती है, जिसमें मॉर्फिन की मात्रा अधिक होती है।

अफ़ीम का एक तीसरा प्रकार—जिसे लोग बहुत कम इस्तेमाल करते हैं—अफ़ीम ड्रॉस थी, जो कि चंडू या मदक के

धूम्रपान करने के दौरान उस पाइप में बची हुई मैल होती है।

अफ़ीम खाने वालों के विपरीत, जो आम तौर पर इसके लिए एकान्त की तलाश करते हैं, अफ़ीम पीनेवाले अन्य नशेड़ियों की संगति में धूम्रपान करना पसन्द करते हैं। एक तो सारी सामग्री का जुटान करना औसत धूम्रपान करने वाले की पहुँच से परे होता है; दूसरे एक ऐसी जगह खोजना भी मुश्किल है, जहाँ नशेड़ी लोग बिना बाधा के धूम्रपान कर सकें। नतीजतन, ये सभी सुविधाएँ प्रदान करने वाले धूम्रपान के अड्डे शायद तब से मौजूद हैं जब से धूम्रपान की आदत पैदा हुई है।

[...]

भारत में ब्रिटिश प्राधिकरण की स्थापना के शुरुआती दिनों से, भारत सरकार ने धीरे-धीरे अफ़ीम के उत्पादन, परिवहन और बिक्री पर अपना नियंत्रण बढ़ाया। 1813 में, भारत में खपत के सम्बन्ध में पहला बंगाल विनियमन (रेगुलेशन) पारित किया गया था। सरकार ने न्यूनतम खपत से अधिकतम राजस्व प्राप्त करके अफ़ीम खाने की आदत को कम से कम या प्रतिबन्धित करने की अपनी नीति बनाई। सरकार का मत था कि वह उस आदत को न्यूनतम सम्भव सीमा तक लाने की इच्छुक है, जिसे वह पूरी तरह मिटाने में असमर्थ है। अफ़ीम की खपत के प्रश्न के प्रति भारत सरकार का रवैया—जो 1947 तक बना रहा, 1911 में लॉर्ड हार्डिंग की सरकार द्वारा राज्य सचिव को सम्बोधित एक पत्र

में अच्छी तरह से व्यक्त किया गया था : "हम मानते हैं कि भारत में अफ़ीम खाने पर प्रतिबन्ध लगाना लगभग असम्भव है। ऐसा कोई भी प्रयास लोगों और सरकार के लिए गम्भीर परिणाम पैदा कर सकता है। हम 1895 में रॉयल कमीशन के निष्कर्ष पर ही अपना रुख़ बिना किसी हिचकिचाहट के तय करते हैं, अर्थात्, अफ़ीम की आदत एक बुरी लत के रूप में शायद ही भारत में मौजूद है, अफ़ीम का उपयोग बड़े पैमाने पर चिकित्सा और अर्द्ध-चिकित्सा उद्देश्यों के लिए किया जाता है, कुछ मामलों में लाभ के साथ, और अधिकांशतः हानिकारक परिणामों से रहित; और इसके ग़ैर-चिकित्सकीय उपयोग चिकित्सा उपयोगों के साथ इतने जुड़े हुए हैं कि दवा के वितरण और बिक्री में उनके बीच अन्तर करना व्यावहारिक नहीं होगा। यह आवश्यक नहीं है कि ब्रिटिश भारत में अफ़ीम की पैदावार और अफ़ीम के निर्माण और बिक्री को चिकित्सा उद्देश्यों को छोड़कर निषिद्ध किया जाना चाहिए। अन्य देशों में जो भी मामला हो, सदियों की विरासत के अनुभव ने भारत के लोगों को दवा के उपयोग में विवेक सिखाया है, और इसका दुरुपयोग भारतीय जीवन में नगण्य है। यहाँ तक कि अगर भारत में अफ़ीम की खेती को दबाना सम्भव हो, तो भी भौगोलिक और राजनीतिक सीमाएँ इसके अवैध आयात और खपत को गम्भीर पैमाने पर बढ़ावा देंगी, जिसे रोकना हमारी शक्ति से परे होगा।"

चूँकि सरकार ने मान लिया कि भारत में अफ़ीम की

खपत को पूरी तरह से दबाया या ख़त्म नहीं किया जा सकता है, इसलिए उसने आदत को यथासम्भव सीमित सीमा के भीतर रखने की घोषित नीति अपनाई।

[...]

1891 के बाद से, लाइसेंस प्राप्त परिसर में भी अफ़ीम पीना निषिद्ध था, और तैयार अफ़ीम की बिक्री पूरे ब्रिटिश भारत में बिलकुल प्रतिबन्धित थी। 1878 के अफ़ीम अधिनियम के तहत बनाए गए प्रान्तीय नियमों के अनुसार, अफ़ीम के धूम्रपान-उत्पाद बनाना प्रतिबन्धित था। छूट केवल व्यक्तिगत उपयोग के लिए थी, जो एक समय में केवल एक तोला (3/8 औंस) की सीमा तक सीमित था। भारतीय परिस्थितियों में, एक तोला निम्न-श्रेणी का चंडू पीनेवाले के लिए एक या दो दिनों की औसत ख़ुराक से थोड़ा अधिक है, और एक आदी नशेड़ी की आवश्यक दैनिक ख़ुराक से थोड़ा कम है। प्रान्तीय सरकारों के परामर्श से, यह भी फ़ैसला लिया गया कि अफ़ीम के उत्पाद बनाने की मात्रा को स्थानीय परिस्थितियों के सम्बन्ध में प्रत्येक प्रान्त द्वारा अपनी सरकार द्वारा निर्धारित किया जाना चाहिए। 1911 के बाद से, जिस मूल्य पर उपभोक्ता को अफ़ीम बेची जा रही थी, उसे हर प्रान्त में काफ़ी हद तक बढ़ा दिया गया था, और कच्चे और तैयार अफ़ीम दोनों के निजी मालिकाने की अधिकतम सीमा को कम कर दिया गया था।

1920-21 तक, व्यक्तियों के मामले में अफ़ीम पीने के

साजो-सामान की सीमा ब्रिटिश प्रान्तों में एक तोला (बॉम्बे के मामले में, यह एक तोला था) तक कम हो गई थी। इसी तरह, लोगों के एक समूह के लिए धूम्रपान की व्यवस्था करनी हो, तो उसके लिए भी जायज़ अफ़ीम की मात्रा कम कर दी गई थी। यह देखने की बात है कि 1911 तक, इस तरह का जुटान तब तक अवैध नहीं था जब तक कि इस्तेमाल की जाने वाली अफ़ीम की कुल मात्रा उपस्थित सभी व्यक्तियों के हिसाब से प्रति व्यक्ति एक तोला के कुल योग से अधिक न हो, यानी अगर पाँच लोगों का जुटान है तो अफ़ीम पाँच तोले से अधिक नहीं होनी चाहिए। कुछ प्रान्तों में यह सीमा अधिकतम पाँच तोला थी, भले ही धूम्रपान करने वालों की संख्या पाँच से अधिक हो। 1920-21 तक, लोगों के किसी जुटान को धूम्रपान के लिए अधिकतम मात्रा में अफ़ीम की अनुमति थी, भले वह कितनी बड़ी जुटान हो। ब्रिटिश प्रान्तों के बहुमत में यह सीमा एक तोला थी (बॉम्बे में, यह ½ तोला था; बंगाल में 2 तोला था; बिहार और उड़ीसा में 2½ तोला था)।

[...]

ब्रिटिश भारत के राज्यों में अफ़ीम पीने के सम्बन्ध में 1945 तक आधिकारिक स्थिति पूर्ण निषेध की दिशा में काफ़ी आगे बढ़ गई थी।

[...]

भारत का संविधान... जनवरी 1950 में अंगीकृत

किया गया था। संविधान के अनुच्छेद 47 में राज्य के नीति निर्देशक तत्व के रूप में निर्धारित किया गया है कि भारत की राज्य सरकार और संसद, प्रत्येक राज्य की सरकार और विधानमंडल, तथा भारत के राज्यक्षेत्र के भीतर या भारत सरकार के नियंत्रणाधीन स्थानीय या अन्य प्राधिकरण स्वास्थ्य के लिए नशीले पेय और औषधियों के उपभोग पर निषेध लगाने का प्रयास करेंगे, सिवाय उनके चिकित्सकीय उपभोग के।

1953 के अफ़ीम प्रोटोकॉल के अनुच्छेद 19 के पैराग्राफ़ 3 के तहत, भारत सरकार ने इस आशय की घोषणा की है कि अफ़ीम पीने की अनुमति सिवाय 21 वर्ष से ऊपर के लती व्यक्तियों—जो 30 सितम्बर, 1953 को या उससे पहले उस उद्देश्य के लिए उपयुक्त अधिकारियों द्वारा पंजीकृत किये गए हैं—के अलावा किसी को नहीं दी जाएगी। इस घोषणा के बाद भारत सरकार ने सभी राज्य सरकारों को निर्देश जारी किये, उनसे अनुरोध किया कि वे विधायी और प्रशासनिक दोनों, जो भी आवश्यक हो, तत्काल क़दम उठाएँ। सरकार ने यह भी कहा कि अफ़ीम पीनेवालों का पंजीकरण 30 सितम्बर, 1953 के बाद पूरी तरह से बन्द कर दिया जाएगा, और केवल उन लोगों को जिन्होंने 30 सितम्बर, 1953 तक चिकित्सकीय आधार पर ख़ुद को पंजीकृत किया है, धूम्रपान करने की अनुमति दी जाएगी, जब तक वे जीवित हैं। यह सब कुछ उन व्यसनियों द्वारा कुछ शर्तों को पूरा करने के बाद ही अमल में लाया जाएगा।

31 दिसम्बर, 1949 तक प्रत्येक राज्य द्वारा प्राप्त स्थिति को संक्षेप में नीचे दिया गया है :

[रामनाथ और आई.सी. चोपड़ा का लेख यहाँ पर 1949 तक भारतीय संघ के सभी राज्यों और अफ़ीम की खपत से सम्बन्धित इन राज्यों में क़ानूनों की एक सूची देता है। मैंने नीचे ओडिशा सहित उनमें से कुछ का विवरण दिया है।]

**असम :** अफ़ीम का धूम्रपान और तैयार अफ़ीम को रखना, असम अफ़ीम धूम्रपान अधिनियम, 1927 के तहत पूरी तरह से प्रतिबन्धित है।

**आन्ध्र :** 30 दिसम्बर, 1953 तक किसी भी नशेड़ी ने ख़ुद को अफ़ीम पीने वाले के रूप में पंजीकृत नहीं कराया।

**बिहार :** बिहार और उड़ीसा अफ़ीम धूम्रपान अधिनियम (1928 II) 20 वर्षों से अधिक समय से लागू है। पहले क़दम के रूप में, अफ़ीम पीना और अफ़ीम तैयार करना या रखना निषिद्ध था, सिवाय उन व्यक्तियों के जिन्होंने आवेदन किया था, और उन्हें व्यसनी के रूप में पंजीकृत किया गया था। 31 दिसम्बर, 1931 के बाद से व्यसनियों के नए पंजीकरण की अनुमति नहीं दी गई है...

**बॉम्बे :** अफ़ीम पीने को नियंत्रित करने के लिए पहला क़दम 1936 में बॉम्बे अफ़ीम धूम्रपान अधिनियम (1936 XX) के अधिनियमन के साथ उठाया गया था, जिसने सामूहिक रूप में अफ़ीम पीने पर प्रतिबन्ध लगाकर अफ़ीम पीनेवाले अड्डों पर दबाव बनाया। पूर्ण उन्मूलन की नीति को प्रभावी

बनाने के लिए अन्तिम कार्रवाई बॉम्बे निषेध अधिनियम, 1949 के तहत की गई थी। परमिट धारक के अलावा किसी अन्य व्यक्ति द्वारा अफ़ीम (चिकित्सा या वैज्ञानिक उद्देश्यों के लिए उपयोग को छोड़कर) रखना निषिद्ध है। व्यक्तिगत उपभोग के लिए किसी भी रूप में अफ़ीम रखने की अनुमति केवल सरकार द्वारा गठित मेडिकल बोर्ड द्वारा प्रमाणित व्यक्तियों को दी जाती है, क्योंकि किसी विशिष्ट चिकित्सा कारण से अफ़ीम की आवश्यकता होती है...

**उड़ीसा :** पहले बिहार और उड़ीसा प्रान्त में शामिल क्षेत्रों में, अफ़ीम पर नियंत्रण और निषेध, बिहार और उड़ीसा अफ़ीम धूम्रपान अधिनियम (1928 का II) के तहत 1928 से लागू है। 1947 में, इस अधिनियम को उड़ीसा अफ़ीम धूम्रपान अधिनियम (1947 का XVI) द्वारा प्रतिस्थापित किया गया था। अफ़ीम पीना और तैयार अफ़ीम रखना पूरी तरह से प्रतिबन्धित है।

[...]

अफ़ीम के व्यसनियों को उनकी लत से मुक्त करने के लिए, 1956 में आयोजित ऑल इंडिया नारकोटिक्स कॉन्फ्रेंस ने निम्नलिखित सिफारिशें कीं :

- चिकित्सा परमिट केवल एक सक्षम और सरकार द्वारा नियुक्त चिकित्सा प्राधिकरण द्वारा जारी किये जाएँगे ताकि (क) व्यसनियों को उत्तरोत्तर कम किया जा सके, और (ख) बीमारी के मामले में दर्द से राहत मिल सके।

- मेडिकल परमिट में एक महीने में पाँच तोले से अधिक का कोटा निर्धारित नहीं होना चाहिए। इस मात्रा को हर तिमाही में स्वचालित रूप से आठवें हिस्से तक कम किया जाना चाहिए, जो हर तीन महीने में न्यूनतम ⅛ तोला तक होना चाहिए।

# गाँजे के खेतों में

# आबकारी अधिकारी का दिव्य ज्ञान

कहा जाता है कि 1990 में किसी समय, पंजाब का एक व्यक्ति हेलीकॉप्टर से आया और ओडिशा के रेधाखोल के माओवाद-बहुल जंगलों के अन्दर उतरा। उसने माओवादियों के साथ बड़े पैमाने पर मारिजुआना की खेती शुरू करने के लिए सौदा किया।

वह कितना सफल रहा था? इन क्षेत्रों में कितना गाँजा उगाया गया था? इसे किसने उगाया?

आरटीआई (सूचना का अधिकार) दाख़िल करना मुश्किल होता, इसलिए मैंने भुवनेश्वर में आबकारी आयुक्त के कार्यालय जाने का फ़ैसला किया और किसी ऐसे व्यक्ति को खोजने की कोशिश की जो मुझे कुछ जानकारी पाने में मदद कर सके और जिससे शायद मुझे उस इलाक़े की यात्रा में भी मदद मिले।

जिस दोपहर मैं पहली बार भुवनेश्वर में आबकारी आयुक्त के कार्यालय पहुँचा, वहाँ एक महत्त्वपूर्ण उपचुनाव की मतगणना चल रही थी, और वहाँ उपस्थित लोगों में बहुत उत्तेजना थी—चुनाव में सत्तारूढ़ दल का गर्व दाँव पर लगा था। आबकारी आयुक्त उपलब्ध नहीं थे, लेकिन आबकारी के स्वामित्व वाले गाँजा खेतों के उपायुक्त से मिलना आश्चर्यजनक रूप से आसान था। उन्होंने मुझे गाँजा/भाँग और अफ़ीम

से सम्बन्धित सभी मामलों के प्रभारी कार्यालय में भेजा। उन्होंने कहा कि वे मेरे लिए बिलकुल 'सही लोग' हैं।

वहाँ के अधिकारी ने मुझसे मुलाक़ात की और विनम्रता से कहा कि उनके पास वह सारी जानकारी है जो मुझे चाहिए, लेकिन मुझे इसके इस्तेमाल की अनुमति ख़ुद आबकारी आयुक्त से लेनी होगी। बातचीत के दौरान, उन्होंने मुझे बताया कि वह भी पुरी से थे। उन्होंने बताया कि पुरी का भाँग खाने का एक लम्बा इतिहास रहा है—भाँग के साथ मिठाई या पनीर खाना पुरी में लगभग सबसे आसान और लोकप्रिय अनुष्ठान है।

शाम 5.30 बजे के आसपास, उपचुनाव में सत्तारूढ़ पार्टी के उम्मीदवार की जीत की ख़बर आई, और मुझे सलाह दी गई कि मैं रात भर रुकूँ क्योंकि 'बड़ा साहब', यानी आयुक्त महोदय, निश्चित रूप से अगली सुबह कार्यालय आएँगे।

मैं अगली सुबह दस बजे आबकारी आयुक्त के कार्यालय पहुँचा। कार्यालय सहायक ने मुझे इन्तज़ार करने के लिए कहा।

बड़े साहब क़रीब 10.15 बजे आए। मैंने कार्यालय सहायक से पूछा, 'क्या मैं अब अन्दर जा सकता हूँ?'

'अभी नहीं,' उसने लगभग चौंकते हुए कहा, 'साहब के सुबह की चाय लेने के बाद।'

आख़िरकार, मुझे अन्दर जाने की इजाज़त मिली।

'तुम क्या चाहते हो?' आबकारी आयुक्त ने मेरे अन्दर घुसते ही पूछा।

'मैं एक किताब के लिए सरकारी भाँग की दुकानों और अन्य उत्पाद शुल्क मामलों के बारे में कुछ और जानना चाहता हूँ,' मैंने जवाब दिया।

'ज़रूर। हमें आपकी मदद करके ख़ुशी होगी, हालाँकि, हम अब और भाँग की दुकान के लाइसेंस जारी नहीं कर रहे हैं। हम पुराने लाइसेंसों का ही नवीनीकरण कर रहे हैं। हमारा समाज पाखंडियों से भरा पड़ा है। ड्रग्स लेने के लिए युवाओं को दंडित करने से नशीली दवाओं का दुरुपयोग नहीं रुकेगा। हमें इस मामले पर लोगों को संवेदनशील बनाने की ज़रूरत है।'

कमिश्नर ने मुझे अपना नंबर दिया और मुझे अपने सहयोगी से मिलवाया, जो उनके मुताबिक़ भाँग, गाँजे और अफ़ीम से सम्बन्धित मामलों पर सबसे जानकार व्यक्ति थे। कमिश्नर की शुभकामनाएँ लेकर मैं उनके कार्यालय से निकला और उस अधिकारी के साथ उसकी मेज़ पर चला गया, जहाँ एक और आदमी पहले से ही उनका इन्तज़ार कर रहा था।

'तो, आप इन सभी सूचनाओं का क्या करना चाहते हैं?' ज्ञानी अधिकारी ने पूछा।

'मैं भाँग, गाँजे और अफ़ीम पर एक किताब लिखना चाहता हूँ, सर।'

उन्होंने कहा, 'आप जैसे किसी जानकार व्यक्ति के साथ आबकारी मामलों के बारे में अपना ज्ञान साझा करना मेरा सौभाग्य होगा, मैं आपकी हर सम्भव मदद करने की कोशिश करूँगा। आप चाय लेंगे?'

उन्होंने किसी को हम दोनों के साथ उस तीसरे आदमी के लिए भी चाय लेने भेजा, जो पहले से ही उनके कमरे में मौजूद था और उनसे बात करने की प्रतीक्षा कर रहा था।

'कृपया मुझे एक बैठक की तैयारी के लिए कुछ समय दें और

फिर हम बात कर सकते हैं,' जानकार अधिकारी यह कहते हुए दूसरे आदमी से मुख़ातिब हो गए।

चाय की चुस्की लेते हुए मेरे कान उन दोनों की बातचीत की तरफ़ ही थे, जहाँ वह दूसरा आदमी अपनी समस्या उनसे साझा कर रहा था। मैंने सुना कि 75 क्विंटल यानी 7,500 किलोग्राम अवैध भाँग ज़ब्त की गई थी, लेकिन इसे रखने के लिए कोई जगह नहीं थी। उन्होंने कहा कि ज़ब्त भाँग अभी भी उस कंटेनर में थी, जिसमें वह किसी अन्य अधिकारी के क्वार्टर के बाहर पाई गई थी, और उन्हें डर था कि इसे चूहे खा लेंगे या वे इसमें घोंसला बना सकते हैं।

भाँग से मस्त चूहे! मैंने मुश्किल से हँसी रोकी।

जानकार अधिकारी पर कोई ज़्यादा असर नहीं पड़ा था। मुझे कोई सन्देह नहीं था कि वह अधिकारी इस विचित्र समस्या से कुशलता से निपटेंगे। इस बीच, वह मेरी ओर मुड़े और नशीले पदार्थों से सम्बन्धित एक पुस्तक का उल्लेख करके पूछा कि क्या मैंने इसे पढ़ा है!

'नहीं सर,' मैंने कहा। 'मैं आभारी होऊँगा अगर आप इसे मुझे उधार देंगे।'

'ज़रूर,' उन्होंने कहा, फिर उन्होंने कनिष्ठ अधिकारी को ज़ब्त भाँग के लिए एक और सुरक्षित भंडारण इकाई ढूँढ़ने की सलाह दी। उनकी निगाह में यह एक साधारण-सी समस्या थी।

फिर उन्होंने अपना ध्यान मेरी ओर लगाया और मुझे काग़ज़ों का एक बंडल और पढ़ने के लिए कुछ किताबें दीं। उन्होंने मुझे कटक में आबकारी आयुक्त कार्यालय जाने के लिए भी कहा। उन्होंने बताया कि यह सबसे पुराना आबकारी कार्यालय और केन्द्रीय भाँग गोला भी

था। वहाँ भाँग और अफ़ीम से जुड़े सभी मामलों को देखा जाता था।

अगले दिन, मैं कटक में आबकारी आयुक्त कार्यालय गया। भाँग गोला के प्रभारी अधिकारी आबकारी छापे पर निकले थे, इसलिए मुझे एक अन्य वरिष्ठ आबकारी अधिकारी के कार्यालय में बिठा दिया गया।

वरिष्ठ आबकारी अधिकारी ने मुझे कॉफ़ी की पेशकश की और मेरे काम के बारे में अधिक जानना चाहा।

'तो, आप क्या लिख रहे हैं, और इससे लोगों का क्या भला होगा?'

'मुझे नहीं पता कि इससे लोगों का भला होगा या नहीं,' मैंने जवाब दिया, 'मैं सिर्फ़ केन्द्रीय भाँग गोला और अफ़ीम नशामुक्ति कार्यक्रम के बारे में दिलचस्प जानकारी का दस्तावेज़ीकरण करना चाहता हूँ, इससे पहले कि यह इतिहास बन जाए।'

अधिकारी मेरी मदद के लिए तत्पर थे। उन्होंने कहा कि मुझे पता होना चाहिए कि भाँग की लस्सी भले हर जगह खुलेआम बेची जाती थी, लेकिन वास्तव में यह पूरी तरह से अवैध थी। 'कोई भी व्यक्तिगत उपयोग के लिए 120 ग्राम भाँग ख़रीद सकता है, लेकिन इसे फिर से नहीं बेच सकता है या बिक्री के लिए भाँग से कोई अन्य उप-उत्पाद नहीं बना सकता है।'

उन्होंने मुझे यह भी बताया कि ज़ब्त की गई भाँग या गाँजे की क़ीमत 10 रुपये प्रति ग्राम और अफ़ीम की क़ीमत 50 रुपये प्रति ग्राम है। उन्होंने मुझे उत्पाद शुल्क विभाग द्वारा ज़ब्त की गई अन्य सभी सम्बन्धित वस्तुओं के मूल्यों के साथ एक सूची दिखाई जिसमें ख़ाली बोतलें, कॉर्क, खसखस, आदि शामिल थे।

हमारी बातचीत जूनियर अधिकारियों के आने से बाधित हुई। वरिष्ठ

आबकारी अधिकारी ने उनसे कहा, 'जाओ, और मामले दर्ज करो। यदि आप और मामले दर्ज करते हैं, तो मैं आप सभी को फ़िल्म देखने के लिए आईनॉक्स भेजूँगा।'

हम सब हँस पड़े।

मैं अगली सुबह सेंट्रल भाँग गोला वापस गया, कुछ तस्वीरें लीं, आवश्यक जानकारी एकत्र की और वापस भुवनेश्वर जाने के लिए तैयार हो गया।

लेकिन कटक छोड़ने से पहले, मैं वह सबसे पुरानी भाँग की दुकान देखना चाहता था जो अभी भी चालू थी। मुझे बताया गया था कि यह मंगलाबाग क्षेत्र में है। शाम का समय था जब मुझे एक छोटी-सी दुकान मिली—एक व्यस्त होटल की ओर जाने वाली गली में एक बहुमंज़िला इमारत के भूतल पर। एक बूढ़ा आदमी भाँग की सैकड़ों गोलियों से भरी ट्रे के साथ अन्दर बैठा था। कुछ लोग जल्दी में आए, 10 से 20 रुपये का भुगतान किया, एक गिलास पानी के साथ एक या दो गोलियाँ निगलीं और चले गए।

'क्या आपके पास गाँजा है?' मैंने बूढ़े दुकानदार से पूछा।

'नहीं, हम केवल भाँग बेचते हैं,' उसने जवाब दिया।

उनकी बग़ल में बैठे एक व्यक्ति ने कहा, 'शहर में अच्छा गाँजा मिलना मुश्किल हो गया है, लेकिन आपको कुछ जगहों पर अभी भी यह मिल सकता है, हालाँकि, आपको कोई नहीं देगा, क्योंकि आपका चेहरा इस इलाक़े में नया और अनजाना है।'

'यह जगह कितनी पुरानी है?' मैंने पूछा।

'सौ साल से अधिक,' एक ग्राहक ने कहा, 'मेरी उम्र पचपन साल

है, और यह भाँग की दुकान मेरे पिता के जन्म से पहले से यहाँ है। बेशक, यह इस तरह की आधुनिक इमारत में नहीं थी; उन दिनों यह एक छोटी-सी झोंपड़ी थी।'

'यहाँ भाँग लेने कितने लोग आते हैं?'

'सैकड़ों,' उसने कहा, और भाँग की गोली को मुँह के हवाले किया, पानी पिया और चला गया।

~

कटक में मैंने कई रोचक तथ्य और आँकड़े इकट्ठे किये। ओडिशा में गाँजे की खेती को नष्ट करने पर एक रिपोर्ट विशेष तौर पर चौंकानेवाली थी।

गाँजे या भाँग की रोपाई हर साल अगस्त-सितम्बर में शुरू होती है, और फ़सल लगभग छह महीने में, जनवरी-फ़रवरी के आसपास तैयार हो जाती है। आबकारी विभाग हर साल हज़ारों एकड़ में होने वाली अवैध गाँजे की खेती को नष्ट करता है।

2021-22 की रिपोर्ट से पता चला कि उस वित्तीय वर्ष के दौरान नष्ट किये गए लगभग 20,000 एकड़ गाँजे में से लगभग आधे चार दक्षिणी ज़िलों—मलकानगिरी, कोरापुट, रायगढ़ और गजपति से थे। ये सभी माओवादियों के प्रभुत्व वाले इलाक़े हैं और इनकी सीमा आन्ध्र प्रदेश, तेलंगाना और छत्तीसगढ़ के साथ लगती है। बाक़ी का गाँजा दो ज़िलों—कन्धमाल और बौध से आता है।

मैंने सभी छह ज़िलों की यात्रा करने और अपनी आँखों से सब कुछ देखने का फ़ैसला किया। मैंने माओवादियों के प्रभुत्व वाले चार दक्षिणी ज़िलों से शुरुआत की।

## तीन नशे : उनकी ज़ब्ती और उनको नष्ट करने के विषय में तीन तालिकाएँ

| भाँग की ज़ब्ती | |
|---|---|
| 2020-2021 | 3173.64 कि.ग्रा. |
| 2021-2022 | 3943.49 कि.ग्रा. |
| **गाँजे की ज़ब्ती** | |
| 2020-2021 | 3699.59 कि.ग्रा. |
| 2021-2022 | 18264.13 कि.ग्रा. |
| **अफ़ीम की ज़ब्ती** | |
| 2020-2021 | 24.142 कि.ग्रा. |
| 2021-2022 | 7.6 कि.ग्रा. |

### भाँग के पौधों का विनाश

विभिन्न वर्षों में भाँग की खेती का विनाश (एकड़ में)

| क्रम | ज़िला | 2019-20 | 2020-21 | 2021-22 |
|---|---|---|---|---|
| 01 | अंगुल | 1.16 | 5.15 | 6.65 |
| 02 | ब्रह्मपुर | 5 | 70 | 15 |
| 03 | बौध | 993 | 1007 | 1003.7 |
| 04 | देवगढ़ | 2 | | |
| 05 | गजपति | 1690.957 | 4465.542 | 4381.67 |
| 06 | गंजम | 43 | 112 | 187 |
| 07 | कंधमाल | 7946 | 9293 | 9310 |
| 08 | कोरापुट | 568 | 666 | 776.09 |
| 09 | मलकानगिरी | 3633 | 5429 | 2528 |

| | | | | |
|---|---|---|---|---|
| 10 | रायगढ़ | 1103 | 1169 | 1566 |
| 11 | संबलपुर | | 0.4 | 0.42 |
| 12 | कालाहांडी | | | 0.1 |
| | **कुल** | **15985** | **22217** | **19774.63** |

विभिन्न वर्षों में भाँग की खेती का विनाश (संख्या में)

| **क्रम** | **ज़िला** | **2019-20** | **2020-21** | **2021-22** |
|---|---|---|---|---|
| 01 | अंगुल | 6862 | 15260 | 6897 |
| 02 | ब्रह्मपुर | 10201 | 165000 | 45000 |
| 03 | बौध | 30303000 | 3021000 | 1741638 |
| 04 | देवगढ़ | 5230 | | |
| 05 | गजपति | 3904122 | 8931084 | 8759774 |
| 06 | गंजम | 62018 | 112000 | 280500 |
| 07 | कंधमाल | 4976000 | 9293000 | 9310000 |
| 08 | कोरापुट | 689000 | 799190 | 932170 |
| 09 | मलकानगिरी | 6712600 | 8837900 | 10267000 |
| 10 | रायगढ़ | 177900 | 1329000 | 1566000 |
| 11 | संबलपुर | | 230 | 4800 |
| 12 | कालाहांडी | | | |
| | **कुल** | **49816933** | **32503664** | **32914032** |

# मलकानगिरी में एक छापा

21वीं सदी के दूसरे दशक तक, मलकानगिरी ज़िले के अधिकांश हिस्से ज़िला मुख्यालय से कटे हुए थे, क्योंकि माओवादियों ने दूरदराज के अधिकांश गाँवों में अपना ठिकाना बना रखा था और सड़क निर्माण नहीं होने दिया था। हाल ही में, जब माओवादियों का लगभग कोई नेतृत्व नहीं बचा तो इन ज़िलों में माओवादी प्रभुत्व कमज़ोर हो गया है। इसके चलते विकास कार्य हुए हैं, सड़कें और पुल बने हैं, लेकिन एक क़ीमत पर—केन्द्रीय और अन्य अर्द्धसैनिक बलों की भारी उपस्थिति को आप हर कहीं महसूस कर सकते हैं।

मैंने कोरापुट ज़िले के सबसे बड़े शहर, जेपोर के निकटतम हवाई अड्डे पर जाने का फ़ैसला किया, जो भुवनेश्वर से 512 किलोमीटर और मलकानगिरी के ज़िला मुख्यालय से 110 किलोमीटर दूर है। हवाई अड्डा बहुत नया था और कुछ ही महीनों पहले शुरू हुआ था। केवल एक दैनिक उड़ान थी—नौ सीटों वाली एक सेसना ग्रैंड कारवाँ EX; भुवनेश्वर से, और एक विशाखापत्तनम से। एयरलाइंस ने सभी यात्रियों को फ़्लाइट में सवार होने से पहले पेशाब करने के लिए कहा क्योंकि विमान में शौचालय नहीं थे। जब पायलट हमें मार्ग, मौसम और ऊँचाई

के बारे में बता रहे थे, तो उन्होंने यह भी उल्लेख किया कि हम पूर्वी घाट और कोरापुट के ऊपर से उड़ान भरेंगे।

विमान ने सुबह क़रीब 10 बजे उड़ान भरी। मैंने एक झपकी ली और जब आँखें खुलीं तो विमान की खिड़की से सुन्दर पूर्वी घाट दिख रहा था। दोपहर 12 बजकर दस मिनट के आसपास, कप्तान ने घोषणा की कि हम कोरापुट के ऊपर से उड़ान भर रहे हैं और जल्द ही जेपोर में उतरेंगे। मैं जानता था कि कोरापुट ओडिशा के सबसे बड़े अवैध गाँजा खेती वाले ज़िलों में से एक है। सेसना की छोटी-सी खिड़की से मैंने नीचे की पहाड़ियों से हवा में बिखरी हुई आग और धुएँ के कुछ टुकड़े यहाँ-वहाँ देखे। मैं सोच रहा था कि क्या यह आबकारी विभाग है जो गाँजे के बागान जला रहा है या आदिवासी ग्रामीण खेती के लिए वन भूमि को साफ़ कर रहे हैं!

मैं दोपहर के लगभग साढ़े बारह बजे जेपोर के छोटे से हवाई अड्डे पर उतरा। मेरा दोस्त गुरु मुझे अपनी कार में मलकानगिरी शहर ले जाने के लिए इन्तज़ार कर रहा था। उन्होंने पहले से ही मेरे गाँजे की खेती देखने गहरे जंगल में बसे गाँवों में जाने की व्यवस्था कर ली थी, लेकिन उन्होंने मुझे चेतावनी भी दी कि 'कोई भी आपसे गाँजे की खेती के बारे में बात नहीं करेगा।'

मैंने सरकार में अपने एक दोस्त से भी अनुरोध किया था कि वह आबकारी टीम से बात कर उनसे अनुरोध करे कि वे मुझे अपने गाँजा नष्ट करने के अभियानों में से किसी एक में साथ ले जाएँ।

मैंने अपने दोस्त और कुछ स्थानीय ग्रामीणों के साथ जंगल में जाने के शुरुआती विचार को छोड़ दिया था, क्योंकि सरकार में मेरे दोस्तों

ने कहा था कि इसमें बहुत जोखिम हो सकता है। मैंने मलकानगिरी में आबकारी विभाग के अधिकारियों से फ़ोन पर बात की, और उन्होंने मुझे सहयोग का आश्वासन दिया। उन्होंने मुझे बताया कि मेरे लिए सर्किट हाउस में एक कमरे की व्यवस्था भी की गई है।

लंच और कॉफ़ी के लिए कुछ देर रुकते हुए, हम लगभग 4:30 बजे 106 किमी. दूर मलकानगिरी सर्किट हाउस पहुँचे। गुरु ने कहा कि कुछ साल पहले, सड़कें अगम्य थीं; माओवादी बारूदी सुरंगों का उपयोग करके उन्हें उड़ा देते थे या फिर सड़कों पर बड़े पैमाने पर पेड़ों को गिरा देते थे। लेकिन पिछले कुछ वर्षों में चीज़ों में सुधार हुआ है।

शाम को आबकारी विभाग के अधिकारी और मैंने सर्किट हाउस के पास एक चाय की दुकान पर साथ में चाय पी। आबकारी विभाग का एक और सदस्य हमारे साथ चलने को तैयार था और हमने गाँजा बागानों को नष्ट करने के उनके अगले दिन के अभियान पर चर्चा की। अधिकारी ने कहा कि हमें सुबह सात बजे से पहले चलना होगा क्योंकि हमें सड़क मार्ग से लगभग 95 किलोमीटर की दूरी तय करनी थी और फिर आन्ध्र प्रदेश की सीमा से लगे चित्रकोंडा प्रखंड की पहाड़ियों में अवैध बागानों तक पहुँचने के लिए दस किलोमीटर और चलना था। मुझे बताया गया कि वहाँ के ग्रामीण गाँजे की खेती के लिए सरकारी ज़मीन का इस्तेमाल करते हैं, ताकि अवैध खेती के लिए किसी को गिरफ़्तार न किया जा सके और चार्जशीट न की जा सके। ऐसा करने के पीछे तर्क यह होता है कि ज़मीन तो ओडिशा के वन विभाग की है, और इन ज़मीनों की रक्षा करना इस विभाग का कर्तव्य है। हालाँकि, वन विभाग अपनी भूमि पर किसी भी अवैध गाँजा-रोपण के अस्तित्व से

इनकार करता है। मुख्यतः इसलिए, क्योंकि पूरे जंगल पर नज़र रखने के लिए उसके पास लोगों की कमी है और वह कर्तव्य की विफलता या लापरवाही को स्वीकार नहीं करना चाहता है। एक और जटिलता यह है कि ओडिशा आन्ध्र प्रदेश की सीमा दस किलोमीटर से भी कम दूरी पर है और जंगल के कुछ हिस्से विवादित हैं, जिन पर दोनों राज्य दावा करते हैं।

देर शाम, आबकारी अधिकारी ने किसी को तरकारी, कुछ चपातियों और बीयर की एक बोतल के साथ मेरे कमरे में भेजा। मैंने खाया-पिया और दिन के अनुभव को लिखने के बाद सो गया।

मैं सुबह लगभग 5.30 बजे उठा और टहलने गया। उसी दौरान एक महिला चाय विक्रेता द्वारा काली मिर्च और नीबू की बनाई चाय पी। गुरु एक घंटे बाद मेरे पास आए और मुझे एक ख़ूबसूरत जगह पर ले गए, जहाँ हमने डोसा और इडली के पूरे भोजन के लिए केवल 60 रुपये का भुगतान किया। खाना शानदार था और किसी भी बड़े शहर में हमें उससे दोगुनी क़ीमत में मिलता, और स्वाद भी इतना अच्छा न होता।

लगभग सात बजे, एक खटारा गाड़ी आई। आबकारी अधिकारी ने सफ़ाई दी, 'गाँजा नष्ट करने के लिए जंगल में जाने के लिए कोई भी अच्छा वाहन नहीं देगा, सर। उन्हें डर रहता है कि उन पर हमला किया जा सकता है या उनका अपहरण किया जा सकता है या उनके वाहन को जलाकर राख कर दिया जा सकता है। यह भी जुटाना मुश्किल था। मुझे आशा है कि आप बुरा नहीं मानेंगे।'

हम पानी की बोतलें, केले और कुछ संतरे ख़रीदने के लिए एक बाज़ार में रुके। अधिकारी ने मुझे बताया कि हमें जंगल के अन्दर के

गाँवों में कुछ नहीं मिलेगा, भले ही ग्रामीणों के पास पानी और भोजन हो, वे हमें कुछ नहीं देंगे। अच्छे पैसे मिलने पर भी। 'वे क्यों करेंगे, सर?' उसने दार्शनिक अन्दाज़ में पूछा, 'हम उनकी फ़सलों को नष्ट करने जा रहे हैं।'

गाँजे की खेती को नष्ट करने वाला दल तीन पुराने वाहनों में सुबह लगभग 7:30 बजे मलकानगिरी शहर से रवाना हुआ, जिनमें से दो वाहन आबकारी विभाग के थे और एक वाहन किराए पर लिया गया था। इसमें आबकारी विभाग के क़रीब 20 लोग, स्थानीय पुलिस स्टेशन के 10 सिपाही, छह दिहाड़ी मज़दूर, झाड़ियाँ काटने वाली चार मशीनें और क़रीब 15 चाक़ू शामिल थे। हमारी सुरक्षा के लिए एक अलग ट्रक में ज़िला स्वैच्छिक बल (डीवीएफ) के 25 जवान थे। (डीवीएफ, 2009 में स्थापित, ओडिशा पुलिस की एक विशेष कांस्टेबुलरी इकाई है, जिसका उपयोग मुख्य रूप से माओवादी विरोधी अभियानों में किया जाता है)।

सभी वाहन सड़क मार्ग से लगभग 90 किलोमीटर की यात्रा तय करने के बाद पहाड़ियों और जंगलों से घिरे एक छोटे गाँव से थोड़ा पहले रुके। डीवीएफ के कुछ जवान वाहनों की सुरक्षा के लिए रुक गए, क्योंकि कभी-कभी ग्रामीणों द्वारा विरोध के रूप में इन वाहनों को जला या क्षतिग्रस्त कर दिया जाता था। हाल के वर्षों में ग्रामीणों ने आबकारी विभाग द्वारा गाँजा नष्ट करने का हिंसक विरोध करते हुए फ़सल काटने में लगे कर्मियों पर पत्थर फेंके हैं। माओवादियों द्वारा घात लगाकर हमला किये जाने या अपहरण किये जाने का भी भय रहता है।

कुछ किलोमीटर चलने और बाजरे के खेतों को पार करने के बाद, हम पहाड़ियों पर पहुँचे, और हमें पहला गाँजा बागान देखने को

मिला। जब हम थोड़ा और ऊपर चढ़े, तो हमने घाटी में गाँजे के और खेत देखे, लगभग उतनी दूर तक, जहाँ तक आँख देख सकती थी।

वहीं, लगभग एक एकड़ में ख़ाली ज़मीन का एक टुकड़ा भी था। कुछ समय पहले तक वह जंगल था लेकिन अब पूरी तरह से साफ़ हो गया था और भारी मशीनों से भूमि को समतल कर दिया गया था।

आबकारी अधिकारियों में से एक ने कहा : 'जंगल को साफ़ करके इस आकार की ज़मीन को साफ़ करने और गाँजा लगाने के लिए चार या पाँच लाख से अधिक के निवेश की आवश्यकता होगी। अब ज़रा सोचिए, मलकानगिरी के पूरे ज़िले के लिए हमारा बजट लगभग पाँच लाख रुपये है और हमसे उम्मीद की जाती है कि इसी में हम इस दुर्गम भू-भाग में हज़ारों एकड़ में अवैध गाँजा बागानों को नष्ट कर सकते हैं। यह एक कठिन काम है, पहले से हारी हुई एक लड़ाई, लेकिन हम कड़ी मेहनत करते रहते हैं। जब तक हम लगभग आधे अवैध बागानों तक पहुँचते हैं, तब तक माफिया आसानी से हज़ारों क्विंटल गाँजा काट चुका होता है।'

हमने जो गाँजे के पौधे देखे, उनकी काफ़ी अच्छी देखभाल की गई थी। उन्हें सीधी पंक्तियों में लगाया गया था, अच्छी तरह से सिंचित किया गया था, रबर के पाइप लगे हुए थे। ये पाइप पहाड़ियों में झरनों की धार से मीलों दूरी पर नीचे घाटी तक आते थे। इनसे केवल गाँजे की नहीं, बल्कि गाँवों में रहने वाले आदिवासियों के खेतों में बाजरे और अन्य फ़सलों की भी सिंचाई की जाती थी। गाँजे के पौधे तेज़ी से बढ़ें, स्वस्थ रहें, इसके लिए बहुत सारे उर्वरक और कीटनाशकों का उपयोग किया जाता है। गाँजे की दुनिया में ऑर्गेनिक कोई बड़ी बात या मुद्दा

नहीं है। नए युग के अजीबोग़रीब हिप्पी ज़रूर जैविक खेती वाले गाँजे पर ज़ोर दे सकते हैं, लेकिन मानवता का यह दुर्लभ नमूना भी समझौता कर लेता है—यदि आपूर्ति में गिरावट आती है या क़ीमत बढ़ती है।

उस सुबह जैसे ही गाँजा काटने वाले दल ने गाँजा काटना शुरू किया, महिलाओं का एक समूह गाँव से बाहर निकल आया और चिल्लाना शुरू कर दिया। कुछ ने रोते हुए गाँजा काटने वाली टीम को अपनी स्थानीय बोलियों, देसिया और कोया में कोसना शुरू कर दिया।

'तुम मेरी फसलों को क्यों मार रहे हो?' एक महिला ने ग़ुस्से से पूछा। 'क्या तुम मेरे बच्चों के भोजन और शिक्षा के लिए पैसे दोगे?' दूसरी ने रोते हुए कहा : 'यदि तुम मेरे पौधों को काटना चाहते हो, तो इसके साथ मेरे बच्चे को भी काट दो। हम पैसे के बिना साल भर कैसे जीवित रह सकते हैं?'

तीसरी ने तर्क दिया : 'हम लोगों को मारने के लिए शराब नहीं बना रहे हैं; यह सिर्फ़ एक प्राकृतिक पौधा है। हम इसे इतने लम्बे समय से उगा रहे हैं, कोई भी इसे नष्ट करने नहीं आया। आप ऐसा क्यों कर रहे हैं?'

काटने वाले दल में से किसी ने महिलाओं से कहा : 'माँ, आप टमाटर, फूलगोभी और अन्य सब्ज़ियाँ क्यों नहीं उगातीं?'

'कुछ दिनों में सड़ जाती है,' महिलाओं में से एक ने तर्क दिया, 'लोग उनके लिए एक रुपया भी नहीं चुकाते। हम वर्षों से गाँजा उगा रहे हैं, और इससे किसी को नुक़सान नहीं हुआ। हमें किसी ने परेशान नहीं किया। अपने गाँव तक जाने वाली इस सड़क के बिना हम बेहतर थे। अब तुम अपनी मोटरों में आते हो और सब कुछ नष्ट कर देते हो।'

इतना कहते-कहते वे महिलाएँ टूट गईं, असहाय क्रोध से काँपती हुईं वे गाँजा काटने वाली पार्टी को शाप देने लगीं, 'तुम्हारी पत्नियाँ विधवा हो जाएँ! तुम्हारे बच्चे इन मशीनों द्वारा काटे गए मेरे गाँजे के पौधों की तरह मर जाएँ।'

एक आदिवासी आगे आकर बोला, 'सर, क्या आप आधी खेती को नष्ट करके बाक़ी आधे को नहीं छोड़ सकते? हमने पास के शहर के साहूकार से बड़ा ऋण लिया है, उसे चुकाएँगे कैसे?'

हंगामे और विरोध के बीच टीम सावधानी से पहाड़ियों पर ऊपर और नीचे गई। गाँजे की गंध हवा में भरने लगी। जैसे-जैसे कटाई तेज़ हुई, उस गंध के साथ हवा मोटी और भारी होती गई, इससे आपको थोड़ा नशा भी हो जाता है।

किसी ने कहा, 'ध्यान से। गाँजे के बीच में हमने जो टमाटर, मक्का और मिर्च के पौधे लगाए हैं, उन्हें न उखाड़ देना। यह हमारा भोजन है; हम अगले सीजन तक इसी पर निर्भर हैं।'

टीम का एक सदस्य एक पौधा उठाकर मुझे दिखाता है, 'देखो, फूल आ गए हैं। इसका मतलब है कि यह कटाई के लिए तैयार है। यदि आप इन फूलों को अपनी हथेलियों के बीच निचोड़ते हैं और वे चिपचिपी हो जाती हैं, तो इसका मतलब है कि यह कटाई के लिए लगभग तैयार है।'

खेतों में गाँजा नष्ट करना धीमा काम है, मशीन के साथ भी। ज़्यादातर काम गाँजे के पौधों के बीच उगाई गई सब्ज़ियों को ध्यान में रखते हुए, पुरुषों द्वारा हाथों से ही किया जाता है। काटने के बाद, पौधों को झाड़-झंखाड़ और पेट्रोल का उपयोग करके जला दिया जाता

है। आसपास पड़े गाँजे के पौधों को यूँ ही छोड़कर तो आबकारी विभाग तस्करों का काम काफ़ी आसान कर देगा!

दोपहर तक, हाथ थक गए थे, पीठ दर्द कर रही थी, सूरज गर्म था, सभी फल खाए जा चुके थे, और पानी की बोतलें लगभग ख़ाली हो चुकी थीं। टीम का मूड बदतर हो गया था, महिलाएँ क़रीब आने लगी थीं और उनका ग़ुस्सा बढ़ रहा था। उनकी आवाज़ दुःख और क्रोध के एक शक्तिशाली मिश्रण में बदल गई थी।

'गू खाने वाले, पेशाब पीने वाले,' वे चिल्लाईं, 'तुम लोग खून की उल्टी करते हुए मरोगे। तुम्हारे बच्चे भूखे मरें, जैसे तुम हमारे बच्चों को भूखा मार रहे हो। तुम लोगों की बीवियाँ विधवा हो जाएँ।'

महिलाओं में से एक ने मुझे अपना शिकार चुना। वह मेरी बग़ल में आकर गाली बकते हुए बोली, 'मैं तुझे एक हाथ से फाड़ सकती हूँ।'

मैं चलता रहा, ताकि तेज़ी से चलकर उससे दूर जा सकूँ, लेकिन उसने हार नहीं मानी। उसने मुझे चुनौती देते हुए अपनी गति बनाए रखी। 'क्या तुम मर्द हो?'

मैं कुछ कहने के लिए रुका तो एक जवान ने मुझे रोक दिया। 'उनके साथ मत उलझो। यदि आप कुछ भी कहते हैं, तो यह एक ख़ूनी संघर्ष में बदल सकता है।'

मैं शान्त हो गया।

आख़िरकार, गाँजा काटने वाली पार्टी ने धीरे-धीरे वाहनों की तरफ़ पीछे हटना शुरू कर दिया, उम्मीद करते हुए कि कोई हमला न कर दे।

रास्ते में, मैंने कई और एकड़ में फैले गाँजे के खेत देखे, जो जल्द ही कटाई के लिए तैयार थे। कुछ पौधों को काटा गया था और सूखने

के लिए ज़मीन पर धूप में रखा गया था, लेकिन हमने उन्हें अनदेखा कर दिया क्योंकि और ज़्यादा ग्रामीण इकट्ठा हो रहे थे, और गाँजा काटने वाली टीम को डर था कि वे हिंसक हो सकते हैं।

मैंने एक आदमी को कन्धे पर काँवड़ लटकाए देखा, जिसके दोनों तरफ़ बाजरा लदा हुआ था। मैंने उसे रोका और पूछा कि क्या मैं कुछ दूर के लिए उसका भार उठा सकता हूँ। वह आदमी मुस्कुराया, रुक गया, फिर काँवड़ को मेरे कन्धे पर स्थानान्तरित कर दिया। मैं 20 से भी कम कदम चल पाया। यह 40 किलोग्राम का बोझ था और मेरे पास इसके लिए पर्याप्त ताक़त नहीं थी।

यह देख रहे डीवीएफ़ के एक जवान ने कहा, 'ये मेहनती आदमी हैं, सर। इसी तरह वे गाँजे को अपने कन्धों पर ढोते हैं और माल छत्तीसगढ़, तेलंगाना और आन्ध्र प्रदेश पहुँचाने के लिए सैकड़ों किलोमीटर पैदल चलते हैं, जहाँ कोई दूसरा वाहन उसे किसी बड़े शहर ले जाने के लिए तैयार रहता है।'

जवान ने मुझे बताया कि कैसे एक होमगार्ड को ड्रग माफ़िया ने जंगल के अन्दर मार डाला; कैसे कन्धे पर गाँजा ढोने वाले दो आदिवासियों को ग़लती से माओवादी समझ लिया गया और गोलियों से भून दिया गया।

मैंने उस युवा आदिवासी से गाँजे की खेती में पैसा लगाने वाले लोगों के बारे में पूछताछ की।

उसने कन्धे उचकाए और बात बन्द कर दी।

आबकारी अधिकारियों ने मुझे इस बारे में चेतावनी दी थी : गाँव वाले कभी भी उन लोगों के बारे में कोई जानकारी नहीं देते जो इन

विशाल खेतों को फंड करते हैं। कुछ स्थानीय एजेंटों के अस्पष्ट से सन्दर्भ मिलते हैं जो ग्रामीणों को पैसा देते हैं। यदि आबकारी विभाग द्वारा खेत को नष्ट कर दिया जाता है, तो किसान अगली खेती से हुई उपज से एजेंट द्वारा दिये गए धन का भुगतान करते हैं।

दूसरे किसान गाँजा नहीं उगाते हैं : वे सिर्फ़ पौधों की देखभाल करते हैं और प्रति पौधा भुगतान पाते हैं।

सीज़न के दौरान, एक किलोग्राम गाँजा 3,000 रुपये से 5,000 रुपये तक मिलता है; और जब यह मुम्बई या बैंगलोर जैसे शहर में पहुँचता है, तब यह खुले बाज़ार में लगभग 50 हज़ार रुपये से एक लाख रुपये प्रति किलोग्राम तक बिक सकता है।

एक आबकारी अधिकारी ने मुझे एक लड़के की कहानी सुनाई जो दिल्ली से मोटरसाइकिल पर सवार होकर छत्तीसगढ़ के सीमावर्ती शहर जगदलपुर से मलकानगिरी आया था। दिल्ली लौटते समय उसे बैग में 20 किलोग्राम गाँजा वापस ले जाते हुए पकड़ा गया था। मोटरसाइकिल किसी और के नाम पर पंजीकृत थी, और चूँकि गाँजा 20 किलोग्राम से कम था, जिसे कोई बड़ा मसला या कमर्शियल मात्रा नहीं माना जाता है, इसलिए उस आदमी को एक या दो महीने के भीतर जमानत मिल गई।

अधिकारी ने बताया कि 'मलकानगिरी देश-भर के गाँजा ख़रीदारों के लिए शॉपिंग मॉल बन गया है।'

चित्रकोंडा पहुँचते हुए दोपहर के लगभग तीन बज चुके थे। अधिकारी ने मुझे सिलेरू नदी पर बना बालीमेला जलाशय (रिज़र्वायर) दिखाया और कहा, 'सर, इसे ओडिशा और आन्ध्र प्रदेश सरकारों ने रूस की सहायता से संयुक्त रूप से बनाया है।'

मैं भूख से तड़प रहा था। दोपहर का भोजन वन अधिकारियों के लिए बनी एक छोटी कैंटीन में किया। मेन्यू में ताज़ा मछली के साथ चावल, दाल और गोभी की सब्ज़ी थी। देर तक साबुन और पानी से धोने के बाद भी मेरे हाथों से गाँजे की गंध आ रही थी। मुझे आश्चर्य हुआ कि मुझे भी खाने में गाँजे की तेज़ गंध महसूस हो रही थी और मैं इसको बुरा मान रहा था।

मलकानगिरी सर्किट हाउस पहुँचने पर, आबकारी अधिकारी ने मुझे बताया कि कोरापुट का आबकारी विभाग अगले दिन गाँजा काटने का अभियान चलाने जा रहा है। उन्होंने कहा, 'मैंने कोरापुट में अपने समकक्ष से पहले ही बात कर ली है। मैंने उनसे कहा कि आप टीम के हिस्से के रूप में साथ जाना चाहते हैं, और वे सहमत हो गए हैं।'

मैंने कोरापुट के लिए अगली बस लेने का फ़ैसला किया। गुरु अपनी मोटरसाइकिल पर आया, और हम शाम 6 बजे के आसपास बस स्टॉप पर पहुँच गए। बस स्टॉप गाँजे के धुएँ की गंध से भरा हुआ था। पहले मैंने सोचा कि यह गंध शायद मेरे कपड़ों से आ रही है जो मैंने पहले दिन गाँजा काटने के अभियान में पहने थे, लेकिन फिर मैंने कुछ युवाओं को गाँजा पीते हुए देखा।

मैं बस में चढ़ गया और जल्द ही नींद की आग़ोश में चला गया।

# कोरापुट में एक असफल छापा

जब हम कोरापुट पहुँचे तो रात के नौ बजकर 45 मिनट हुए थे। मुझे सर्किट हाउस या किसी होटल में कमरा नहीं मिला, क्योंकि सभी कमरे पर्यटकों से भरे हुए थे। शायद कोरापुट कॉफ़ी प्लांटेशन का हद से अधिक प्रचार इसका कारण था, या शायद वे सिर्फ़ अपने बेदम शहरों की पागल करने वाली भीड़ से भाग आए थे।

आख़िरकार मैंने सरकारी अधिकारियों के लिए बने प्रशिक्षण केन्द्र में एक कमरा लिया। सेंटर में कोई रसोई नहीं थी, इसलिए मुझे वहाँ के कारिंदों में से एक से बाहर से कुछ खाना लाने के लिए कहना पड़ा। मैं दिन-भर गाँजा काटने के अभियान में पैदल चलने और शाम की बस की सवारी से चिपचिपा महसूस कर रहा था, और स्नान करना चाहता था, लेकिन गर्म पानी उपलब्ध नहीं था। यह दिसम्बर का महीना था, मलकानगिरी के जंगलों में सूरज भले ही गरमी दे रहा था, लेकिन कोरापुट की रात ठंडी थी। अब मेरे पास एक ही विकल्प था : मैं ठंडे पानी से नहाकर बरफ़ बनकर साफ़ हो जाऊँ, या चिपचिपा ही सो जाऊँ। मैंने बाद वाला विकल्प चुना।

भोजन की प्रतीक्षा के समय आबकारी विभाग, कोरापुट से फ़ोन

आया। दूसरी तरफ़ बात कर रही महिला ने मुझे सुबह 6 बजे तक तैयार होने के लिए कहा; एक ड्राइवर मुझे प्रशिक्षण केन्द्र से लेने आने वाला था। मैंने उसे धन्यवाद दिया और रात के खाने के लिए बैठ गया : एक अंडे का आमलेट, कुछ रोटियाँ और आलू-गाजर की सब्ज़ी। मुझे इतनी भूख लगी थी कि स्वाद पर कोई ध्यान नहीं दिया। मैंने सब भकोस लिया, मेरे हाथों से अभी भी गाँजे की गंध आ रही थी। मुझे ठंड लग रही थी, इसलिए मैंने केयरटेकर से थोड़ी कॉफ़ी लाने के लिए कहा। उसने कृपा की, लेकिन यह बहु-प्रचारित कोरापुट कॉफ़ी से बिलकुल अलग बेकार और बेस्वाद कॉफ़ी थी। मैं दुखी हुआ, लेकिन फिर भी कम से कम यह गर्म थी, फिर मैं बिस्तर पर चला गया।

मैं सुबह लगभग 5.30 बजे उठा और मैंने वही कपड़े पहने जो मैंने मलकानगिरी अभियान के दौरान पहने थे। ड्राइवर के आने से पहले मैं यात्रा के लिए तैयार था। मैंने प्रशिक्षण केन्द्र के केयरटेकर द्वारा परोसी गई बेकार चाय पीते हुए एक सिगरेट पी और एक पहाड़ी की चोटी पर उग रही इमारतों के धूसर कंकालों को देखा।

समय बीतता गया; सुबह के 6 बज गए, और 7 भी। क़रीब 7.30 बजे आख़िरकार एक ड्राइवर ने फ़ोन किया। इस बार, एक नई एसयूवी तैयार मिली। मुझे काफ़ी आश्चर्य हुआ, लेकिन फिर ड्राइवर ने मुझे बताया कि एक टीम पहले ही निकल चुकी है और चूँकि आबकारी विभाग से एक उच्च अधिकारी हमारे साथ शामिल होंगे, और मुझे उनके साथ सवारी करनी थी, इसलिए यह विलासिता हो रही थी। ड्राइवर ने हमें गर्म रखने के लिए हीटर चालू कर दिया, लेकिन जल्द ही कार गर्म हो गई और मैंने उसे बन्द करने के लिए कहा।

हम उच्च पदस्थ आबकारी अधिकारी के घर गए। पाँच मिनट के इन्तज़ार के बाद वह बाहर आए। सौजन्यवश मैंने नमस्ते कर उनसे कहा कि मैं दूसरी टीम के साथ जा सकता था। 'उन कारों में कोई जगह नहीं,' उन्होंने संक्षेप में कहा, 'वे जूनियर स्टाफ से भरी हुई थीं।'

40 किलोमीटर बाद, हम एक पुलिस स्टेशन पर रुके, जहाँ तीन या चार और गाड़ियाँ हमारा इन्तज़ार कर रही थीं। अधिकारी जब कार से उतरे तो कई जवानों ने उन्हें सलामी दी। कुछ लोगों ने मुझे भी कोई अधिकारी ही समझकर सलाम किया। मैंने विनम्रता से उनको पलटकर वैसा ही जवाब दिया।

मैंने गाँजा काटने वाली टीम के साथ एक चाय की दुकान में चाय पी। उन्होंने हम सभी के लिए पानी की बोतलें, फल, पूड़ी, सब्ज़ी और इडली के पैकेट भी ख़रीदे। फिर, पार्टी आगे बढ़ी। पुलिस के साथ, अब लगभग 40 पुरुष और महिलाएँ थीं, जिनके हाथ में झाड़ी कटर और चाक़ू थे।

20 किलोमीटर बाद गाड़ियाँ एक छोटी पहाड़ी पर पहुँचीं। पार्टी को पहाड़ी से कुछ किलोमीटर दूर एक नहर के दोनों किनारों पर गाँजे की बड़ी खेती होने की सूचना मिली थी।

गाँजा काटने वाली टीम ने एक साथ नाश्ता किया, कुछ ज़मीन पर बैठे, कुछ बड़े-बड़े पत्थरों पर और कुछ खड़े ही रहे। मुझे भी आलू-मटर के साथ इडली और पूरी दी गई। फिर, गाँजा बागान की खोजी टीम के साथ यूकेलिप्टस के पेड़ों के बीच यात्रा शुरू हुई। बीच में सँकरे रास्ते थे और यूकेलिप्टस के ये पेड़ नहर तक जा रहे थे। तभी एक महिला कांस्टेबल चिल्लाई, 'यहाँ, देखो! ज़मीन पर इतने सारे गाँजे

के पत्ते। कोई थोड़ी देर पहले यहाँ से गाँजा ले गया है।'

टीम ने उसी ट्रैक का अनुसरण किया और दो किलोमीटर के बाद, हम नहर के किनारे खेतों में पहुँचे, जो ताज़े कटे हुए गाँजे के पौधों से भरे हुए थे, उनके तने अभी भी रस छोड़ रहे थे।

ज़ाहिर है, किसी ने किसानों को छापे की सूचना दे दी थी। मुझे बाद में पता चला कि पिछले तीन दिनों में गाँजा नष्ट करने का अभियान पहले ही दो बार रद्द किया जा चुका था। किसानों को 30 एकड़ ज़मीन पर लगभग तैयार पौधों की कटाई के लिए पर्याप्त समय मिला था।

नहर के दूसरी तरफ़ गाँजे के और खेत होने की सूचना थी। कुछ जवान कीचड़-भरे पानी से होकर झाड़ी काटने वाले सामान को अपने कन्धों पर लेकर दूसरी तरफ़ चले गए, जबकि एक दूसरा दल नहर के किनारे-किनारे ताज़े कटे हुए गाँजे के खेत से होकर बढ़ा। वे एक बड़ी पकड़ के चूकने से मायूस दिख रहे थे।

लगभग दो किलोमीटर की पैदल यात्रा के बाद, खोजी दल को लगभग एक एकड़ का एक और टुकड़ा मिला, जिसमें बहुत अच्छी गुणवत्ता वाले परिपक्व गाँजे के पौधे अभी भी खड़े थे। पौधों को काट रहे एक किसान ने खोजी दल को आते देखा और जंगल में भाग गया। थोड़ी दूरी पर कटाई के लिए तैयार पौधों का एक और पैच देखा जा सकता था।

गाँजे के खेतों में टीम केवल दो एकड़ गाँजा नष्ट करने में सफल रही।

निराश होकर, टीम लीडर ने वापस लौटकर दूसरी जगह जाने का फ़ैसला किया।

लौटते समय मैंने कुछ जवानों को आपस में दोनों तरफ़ के मुख़बिरों के बारे में बात करते सुना। ज़ाहिर है, आबकारी विभाग में भी कई लोग गाँजा माफिया के लिए मुख़बिर का काम करते थे।

एक जवान ने बताया, 'कोरापुट के इस हिस्से में देश के अलग-अलग राज्यों से नौजवान लोग ड्रग माफिया के लिए काम करने आते हैं। हाल ही में गाँजा तस्करी के आरोप में एक युवक को गिरफ़्तार किया गया था। कुछ समय बाद, राजस्थान पुलिस उसे लेने आई क्योंकि उन्होंने इस आदमी और राजस्थान के एक ड्रग माफिया के बीच 50 लाख रुपये से अधिक के बैंक ट्रांजेक्शन का पता लगाया था।'

तभी मैंने देखा कि महँगी बाइक पर सवार दो लोग सँकरे रास्ते से गुज़र रहे हैं। वे शायद गाँजा काटने वाली टीम की गतिविधियों पर नज़र रख रहे थे।

जवान ने मुझे एक पुलिसकर्मी के बारे में एक और कहानी सुनाई जिसने स्वैच्छिक सेवानिवृत्ति ले ली थी क्योंकि उसे गाँजा बागान क्षेत्र से बाहर स्थानान्तरित किया जा रहा था। पुलिस वाले ने कहा कि उसने जीवन-भर से अधिक समय तक के लिए पर्याप्त पैसा बना लिया था, लेकिन अभी बहुत कुछ किया जाना बाक़ी था; अगर उसका तबादला हो गया तो वह सब बर्बाद हो जाएगा।'

अब और क्या जानना बाक़ी था!

अगला पड़ाव था : रायगढ़।

# रायगढ़

कोरापुट बस स्टॉप पर, मुझे बताया गया कि रायगढ़ जाने वाली बस की सभी सीटें बुक हो चुकी हैं, इसलिए मुझे 110 किलोमीटर की यात्रा खड़े होकर करनी होगी।

ओडिशा राज्य सड़क परिवहन निगम (ओएसआरटीसी) की बस खचाखच भरी हुई थी। सीटों की दो पंक्तियों के बीच पहले से ही लगभग 30 लोग खड़े थे, लेकिन बस कंडक्टर सभी यात्रियों को तब तक पीछे धकेलता रहा जब तक कि पैर को नीचे कोई जगह ढूँढ़नी मुश्किल नहीं हो गई, और एक बार जब आपने उन कुछ इंच को पा लिया, तो आप एक मिलीमीटर भी हिलने की हिम्मत नहीं करते। मैं बस के पीछे वाले हिस्से में किसी तरह खड़ा हो गया। भीड़ के बावजूद, बस के शॉक-एब्जॉर्बर की स्थिति ऐसी थी कि हर बार जब बस सड़क पर किसी ब्रेकर पर चढ़ती तो मैं एक फुट ऊपर उठकर लगभग छत से टकरा जाता था।

मेरी बग़ल में बैठे दो लोग बातें कर रहे थे। मैंने उन्हें नज़रअन्दाज़ किया फिर मैंने गाँजा शब्द सुना...

उनमें से एक ने कहा, 'तुम्हें पता है? मेरे एक पड़ोसी ने हाल

ही में एक कार ख़रीदी है..और पिछले साल वह कुछ मोटरसाइकिलें भी ख़रीद चुका है।'

दूसरे ने कहा, 'मैं अपने गाँव में ऐसे लोगों को जानता हूँ जो गाँजे से इतना पैसा कमाते हैं कि उन्होंने न केवल अपने घरों के फ़र्श, बल्कि दीवारों पर भी टाइलें लगा ली हैं।' थोड़ा रुककर वह फिर बोला, 'कभी-कभी, मुझे लगता है कि यह सरकारी क्लर्क की नौकरी छोड़ दूँ और अपना ख़ुद का गाँजे का व्यवसाय शुरू करूँ।'

पहले आदमी ने इसका जवाब एक चेतावनी के साथ दिया : 'गाँजे से कमाया हुआ बुरा पैसा जितनी आसानी से आता है उतनी ही आसानी से चला भी जाता है। और एक दिन, यह आपको सलाख़ों के पीछे ले जाता है।'

हम रात दस बजे के आसपास रायगढ़ पहुँचे। मुझे जो ऑटोरिक्शा चालक मिला, वह नहीं जानता था कि सर्किट हाउस कहाँ है, लेकिन उसने मुझसे 130 रुपये माँगे। मैंने उसे गूगल मैप्स पर जगह दिखाई और कहा कि वह केवल दो किलोमीटर दूर है। ड्राइवर ने फिर भी सर्किट हाउस के लिए एक लम्बा, चक्करदार मार्ग लिया और मुझसे 250 रुपये से अधिक वसूल किये।

मैंने लगभग 45 मिनट तक बाहर ही एक कमरे के लिए इन्तज़ार किया। फिर ज़िले के एक उच्च पदस्थ अधिकारी ने फ़ोन किया और माफ़ी माँगी। उन्होंने कहा, 'आपको कमरा तुरन्त मिलेगा; और पाँच मिनट में कोई आपके साथ होगा। अगर आपको किसी और चीज़ की ज़रूरत है, तो कृपया बेझिझक मुझे मैसेज करें।'

मैंने कहा कि आबकारी विभाग के किसी कर्मचारी से मेरी मुलाक़ात करवा दें।

'मैं किसी से आपको फ़ोन करने के लिए कहूँगा,' उन्होंने कहा। मैं फ़ोन से निपटा भी नहीं था कि कोई दौड़ता हुआ आया और मेरा सामान ले गया।

प्रवेश-द्वार पर दीवार पर दो प्रमुख पोस्टर लगाए गए थे : 'यहाँ शराब का सेवन प्रतिबन्धित है'। लेकिन, फिर मैंने एक आदमी को बाहर निकलते हुए देखा और वह निश्चित रूप से पिए हुए था। मेरा बैग ले जा रहा आदमी भी पिए हुए था। मैंने उसको 500 रुपये का नोट दिया, और कहा कि वह मेरे लिए चावल, दाल, तरकारी और बीयर की एक बोतल ला दे।

खाना आने से पहले आबकारी विभाग के किसी व्यक्ति ने फ़ोन करके मुझे याद दिलाया कि अगले दिन रविवार है और उसी दिन क्रिसमस भी है, इसलिए वह छुट्टी पर है, और अगले कुछ दिनों तक गाँजे की अवैध खेती को नष्ट करने पर रोक लगा दी गई है, लेकिन आबकारी विभाग का कोई व्यक्ति सुबह मुझसे मिलेगा, ताकि मैं जो जानकारी चाहता हूँ उसमें वह मेरी मदद कर सके।

खाना आया, और बीयर भी। मुझे इतनी भूख लगी थी कि मैंने यह सब दस मिनट में ख़त्म कर दिया। खचाखच भरी बस में 100 किलोमीटर से अधिक तक खड़े-खड़े सफ़र करने की वजह से मैं बुरी तरह थका था और बिस्तर पर जाते ही सो गया।

अगली सुबह, मैं चाय का इन्तज़ार कर रहा था जब किसी ने फ़ोन किया और कहा कि वह आबकारी अधिकारी के निर्देश पर मुझसे मिलने

आया है, और मेरे कमरे के बाहर इन्तज़ार कर रहा है। मैंने दरवाज़ा खोला, हमने एक-दूसरे को नमस्ते की। फिर मैंने उन्हें अन्दर बुला लिया।

उन्होंने मुझे ड्रग पैडलर्स के अवैध रूप से गाँजा ढोने के कई तरीक़े बताए। सबसे पहले गाँजे को अख़बारों में लपेटकर पॉलीथिन बैग के अन्दर डाला जाता है और फिर उसे भूरे रंग के सेलोटेप के साथ सुरक्षित रूप से लपेटा जाता है। गंध को छिपाने के लिए पैकेट पर अलग तरह के केमिकल छिड़के जाते हैं। कभी-कभी, गाँजे को रायगढ़ से आन्ध्र प्रदेश तक तस्करी के लिए धान की धूल के पैकेट के अन्दर छिपा दिया जाता है। गाँजे की तस्करी के लिए आलू और अदरक की फ़सल का भी इस्तेमाल किया जाता है। केला और हल्दी भी इस्तेमाल में लाए जाते हैं; यहाँ तक कि गाँजा छुपाने और तस्करी करने के लिए विभिन्न स्क्रैपयार्ड से स्क्रैप का उपयोग भी किया जाता है।

कई स्थानीय युवाओं को ट्रेनों से बड़े ट्रॉली बैग्स में गाँजा ले जाने के लिए भर्ती किया जाता है, जो नौकरीशुदा या इंटरव्यू-परीक्षा देने वालों के रूप में यात्रा करते हैं। माफ़िया हर बार नए लोगों का उपयोग करता है ताकि किसी को परिचित चेहरे के बारे में सन्देह न हो।

आबकारी अधिकारी ने कहा, 'हमारे पास एक भी स्निफ़र डॉग नहीं है, इसलिए यह जानना लगभग असम्भव है कि कौन क्या लेकर यात्रा कर रहा है। आप बस सन्देह पर हर किसी को नहीं रोक सकते।'

उन्होंने निराशा में सिर हिलाया और उसके बाद चुपचाप चाय पीने लगे।

~

चूँकि क्रिसमस की छुट्टी के लिए रायगढ़ में गाँजा नष्ट करने वाली टीमों का छापा रुका हुआ था, इसलिए मैंने अपने अगले गंतव्य पर जाने का फ़ैसला किया। आबकारी अधिकारी ने मुझे गजपति ज़िले के परलाखेमुंडी ले जाने के लिए एक वाहन की व्यवस्था की।

'आपको कुछ भी भुगतान करने की ज़रूरत नहीं है, सर,' उन्होंने कहा, 'मुझे खेद है कि छुट्टियों के कारण हम आपकी बहुत मदद नहीं कर सके। अगर आप कुछ और दिनों के लिए यहाँ रहते हैं, तो हम आपको वह सब कुछ दिखा सकते हैं जो आप चाहते हैं।'

मैंने उन्हें धन्यवाद दिया और कार में बैठ गया।

# गजपति की यात्रा

गजपति के रास्ते में, हम बाज़ार में एक छोटी-सी चाय की दुकान पर रुके। ड्राइवर ने तेलुगु में चाय माँगी, मैंने चाय के साथ खाने के लिए एक सिगरेट और एक दंतकिली (स्थानीय रूप से बनाई गई चकली) माँगी। स्टॉल के ठीक बग़ल में एक घर के बरामदे में एक महिला बैठी थी, जिसके गले में चार-पाँच सोने की चेनें थीं—हर चेन इतनी मोटी, कि आधा किलो वज़न की भी हो तो मुझे आश्चर्य नहीं होता। उसने अपना गला साफ़ करने के लिए खाँसा, जिससे ज़ंजीरें हिल गईं, और बजाज एम 80 मोपेड के बग़ल में खड़े एक लड़के से कुछ कहा। मैंने एक तस्वीर क्लिक करने के लिए अपना मोबाइल फ़ोन निकाला।

'आप किसकी फ़ोटो खींच रहे हैं?' महिला ने पूछा।

'ये मोपेड अब बहुत दुर्लभ हैं, मैं सिर्फ़ एक तस्वीर क्लिक करना चाहता हूँ,' मैंने कहा।

'यह हमारे परिवार का सबसे पुराना वाहन है, और इसीलिए हमारे पास अभी भी है; इसने हमें अमीर बनाया है,' उसने गर्व से कहा।

मैंने सोचा कि क्या परिवार ने गाँजा तस्करी से यह पैसा कमाया है। फिर मुझे अपने पूर्वग्रह पर शर्म आई। यह कड़ी मेहनत का नतीजा क्यों नहीं हो सकता?

फिर, मुझे अपने इस विचार के बारे में भी कुछ ग़लत लगा। भाँग और गाँजे का परिवहन एक सम्मानजनक व्यवसाय क्यों नहीं हो सकता है? कल, अगर भाँग को वैध कर दिया जाता है, तो यह अपराध नहीं रह जाएगा। पहले से ही, यह कई देशों में पूरी तरह से क़ानूनी है, और सदियों से चला आ रहा है, यहाँ तक कि हमारे देश में भी हाल तक यह ठीक ही काम था।

मैंने चाय बेचने वाले से पूछा कि मुझे एक किलोग्राम गाँजा कहाँ मिल सकता है?

वह हैरान नहीं दिखा। उसने कहा : 'आप पास की किसी दुकान में कम मात्रा में पा सकते हैं, लेकिन इतने ज़्यादा के बारे में पता करना पड़ेगा।'

कुछ अन्य ग्राहकों ने भी हमारी बातचीत सुनी, पर कहीं कोई प्रतिक्रिया नहीं हुई। यह ऐसा ही था जैसे मैंने एक किलो चावल या चीनी माँगी हो।

मैं शाम को लगभग पाँच बजे गजपति के ज़िला मुख्यालय परलाखेमुंडी पहुँचा। यहाँ का सर्किट हाउस दरअसल एक महाराजा का नवीनीकृत महल है। जब आप इसमें प्रवेश करते हैं, तो पहली चीज़ जो आप देखते हैं वह फ़र्श है, जो सुन्दर फूलों की डिज़ाइन वाले टाइलों से ढका हुआ है, फिर बारीक पॉलिश किये गए पत्थर की एक टेबल टेनिस टेबल वहाँ लगी है। ये वैसे ही हैं जैसे वे मूल महल में थे। बाक़ी इमारत का जीर्णोद्धार किया गया है।

मुझे रायगढ़ के विपरीत यहाँ जल्दी ही एक कमरा दे दिया गया था, और चूँकि मैंने अपने आने के बारे में वरिष्ठ अधिकारियों को सूचित

किया था, इसलिए आबकारी विभाग के दो कनिष्ठ अधिकारी शाम को मुझसे मिलने आए।

यहाँ भी, क्रिसमस की छुट्टियों की वजह से गाँजा नष्ट करने का अभियान रोक दिया गया था और 28 या 29 दिसम्बर के आसपास यह फिर से शुरू होना था, लेकिन कनिष्ठ अधिकारियों ने कहा कि उन्हें मुझसे बात करने या मुझे विभाग और ज़िले में अपने काम के बारे में कोई भी जानकारी देने में ख़ुशी होगी।

उन्होंने अपने विभाग में जनशक्ति की कमी के बारे में शिकायत करते हुए बताया कि कैसे वे अभी भी अपने पास मौजूद मामूली संसाधनों के साथ अच्छा काम करने में कामयाब रहे।

उनमें से एक ने ज़िले के भीतर और बाहर गाँजा ले जाने वाले ड्रग पैडलर्स से निपटने में आने वाली समस्याओं के बारे में बताया।

उन्होंने कहा, 'यह मुश्किल हो जाता है क्योंकि कुछ भ्रष्ट पुलिस अधिकारी भी इसमें शामिल होते हैं। वे ड्रग पैडलर्स को ज़िले की सीमाओं और यहाँ तक कि राज्य की सीमाओं के पार सुरक्षित मार्ग देने के लिए रिश्वत लेते हैं।'

यह सारी जानकारी मुझे नाम न छापने की शर्त पर दी गई थी।

मुझे बताया गया कि एक बार जब आबकारी विभाग ज़िले के अन्दर और बाहर वाहनों की आवाजाही पर नज़र रख रहा था, उन्होंने रात में पश्चिम बंगाल की लाइसेंस प्लेट वाली एक कार में दो युवकों को एक गाँव में घुसते देखा। अगली सुबह, उसी कार पर ओडिशा की नंबर प्लेट थी और वह बॉर्डर की ओर लौट रही थी। आबकारी विभाग की सर्विलांस टीम ने इसे रोककर दोनों युवकों से पूछताछ शुरू कर दी।

उन्हें यक़ीन था कि उनमें से एक व्यक्ति स्थानीय था जो दूसरे—पश्चिम बंगाल के एक आदमी—की आने-जाने में मदद कर रहा था। वह बीच के दलाल के रूप में भी काम कर रहा था। पुलिस ने लम्बे समय तक वाहन की तलाशी ली लेकिन उसमें कुछ भी नहीं मिला। उन्होंने स्थानीय व्यक्ति पर दबाव बनाए रखा और आख़िरकार उसे एक सौदे की पेशकश की कि अगर वह उन्हें बताता है कि कार में गाँजा कहाँ छिपाया गया है तो उसका ज़िक्र चार्जशीट में नहीं होगा। इस पेशकश पर वह टूट गया और बताया कि कार की पिछली सीट के नीचे लोहे का एक चैम्बर है। टीम ने वापस जाकर कार की फिर से जाँच की, और वास्तव में, वहाँ एक छोटा-सा चैम्बर बना हुआ था, जिसमें कई किलो गाँजा था।

दूसरे आबकारी अधिकारी ने कहा, 'हम कभी-कभी छोटे लोगों को अपना व्यवसाय करने देते हैं और उन पर नज़र रखते हैं ताकि हम बड़े ड्रग पैडलर्स तक पहुँच सकें। हम अपने फ़ायदे के लिए उनकी प्रतिद्वंद्विता का भी फ़ायदा उठाते हैं; वे अक्सर हमें एक-दूसरे के ख़िलाफ़ जानकारी देते हैं।'

कुछ देर तक चर्चा चलती रही। मैंने बीच में एक बीयर और कुछ सिगरेट पी थी। आबकारी अधिकारियों ने मुझे कहा कि मैं सुबह उनके कार्यालय आ सकता हूँ, कोई आकर मुझे ले जाएगा। वहाँ मैं अफ़ीम के आदी एक व्यक्ति से मिल सकता था, जैसा कि मैंने अनुरोध किया था।

~

अगली सुबह, आबकारी कार्यालय में, कनिष्ठ अधिकारियों में से एक ने मुझे एक ज़ब्त किया गया वाहन दिखाया और कहा, 'कुछ महीने पहले इस आख़िरी ट्रक को ज़ब्त करने के बाद, हमारे कार्यालय परिसर में और अधिक ज़ब्त वाहनों को रखने के लिए कोई जगह नहीं बची है। यहाँ तक कि इस बड़े ट्रक के लिए जगह बनाने के लिए, हमें ज़ब्त किये गए कई दोपहिया वाहनों को छत पर ले जाना पड़ा। हमारे पास ज़ब्त भाँग या गाँजे को रखने के लिए भी ज़्यादा जगह नहीं बची है, और इसे नष्ट करने की प्रक्रिया में समय लगता है।'

अफ़ीम का आदी व्यक्ति भी तब तक आ गया, और क्योंकि वह आदमी केवल तेलुगु बोलता था, इसलिए मैंने अनुवादक के बारे में पूछा। सौभाग्य से, एक ऐसा आदमी मिल गया। उसके पास समय भी था।

अफ़ीम के आदी व्यक्ति ने मुझे बताया कि वह सुनार का काम करता है और अभी ही आधा ग्राम अफ़ीम का अपना सुबह का कोटा ले चुका है। उनकी कहानी दिलचस्प थी, और मैंने इसे अपनी पुस्तक के अध्याय 'अफ़ीम कार्ड वाले सुनार' में पहले दर्ज किया है।

जब हमारा इंटरव्यू ख़त्म हो गया तो सुनार ने मुझे अपना काम देखने और अपने साथ चाय पीने के लिए आमंत्रित किया। मैंने पूछा कि क्या वह मेरे ट्रेन वापस पकड़ने से पहले मेरी प्रेमिका के लिए सोने की लौंग बना सकता है? शाम को लगभग चार बजे मुझे भुवनेश्वर की यात्रा करनी थी।

'इसमें बीस मिनट से ज़्यादा समय नहीं लगेगा, सर,' उन्होंने कहा।

आधे घंटे बाद, 1,600 रुपये के भुगतान के बाद, मेरे पास एक सुन्दर सोने की नोज़ पिन थी।

सर्किट हाउस का केयरटेकर मुझे अपनी मोटरसाइकिल से रेलवे स्टेशन ले गया। रास्ते में उसने मुझे पराल महाराजा का सुन्दर महल दिखाया। ओडिशा के सबसे अमीर राजघरानों में से एक इस महाराजा ने अपने घर के ठीक पीछे रेलवे स्टेशन बनवाया था और निजी इस्तेमाल के लिए एक ट्रेन भी चलवाई थी।

केयरटेकर ने कहा, 'आज शहर में आप जितने भी कॉलेज और स्कूल और अस्पताल देखते हैं, वे सब उन्हीं के बनवाए हुए हैं।'

चूँकि भुवनेश्वर वापस जाने वाली ट्रेन लगभग दो घंटे लेट थी, इसलिए केयरटेकर ने मुझे स्टेशन के चारों ओर घुमाया—ख़ास तौर से पुराने प्लेटफ़ॉर्म पर, जिसमें वैसी ही सुन्दर फूलों की टाइलें थीं जो मैंने सर्किट हाउस के टेबल टेनिस रूम में देखी थीं।

~

भुवनेश्वर में अख़बार और टीवी चैनल, दो रूसी पर्यटकों की मौत के बारे में सनसनीख़ेज़ ख़बरों से पटे पड़े थे। उनमें से एक व्लादिमीर पुतिन के प्रमुख आलोचकों में था। 27 दिसम्बर, 2022 के 'न्यू इंडियन एक्सप्रेस' ने यह रिपोर्ट दी :

**ओडिशा अन्तरराष्ट्रीय सुर्ख़ियों में, मृत पर्यटक की पहचान रूसी टाइकून और पुतिन के आलोचक के तौर पर...**

*उनकी (पावेल एंटोव की) पोस्टमॉर्टम रिपोर्ट ने फेफड़ों, यकृत और प्लीहा के बाईं ओर टूटने की ओर इशारा किया, जिससे रक्तस्राव, सदमा और आख़िरकार उनकी मृत्यु हो गई।*

*(व्लादिमीर) बायदानोव की पोस्टमॉर्टम रिपोर्ट के मुताबिक़ उनके पेट में 100 मिलीलीटर तरल पदार्थ पाया गया, जिसमें 'अफ़ीम या गाँजा, यानी भाँग जैसी अजीब गंध' थी। दोनों दोस्तों के आन्तरिक अंगों को आगे की जाँच के लिए भेजा गया है।*

*माना जाता है कि रूसी लोग आदिवासी पर्यटन के लिए ओडिशा के इस हिस्से की यात्रा कर रहे थे। कन्धमाल, रायगढ़ और कोरापुट जैसे ज़िले आदिम आदिवासी समूहों के घर हैं जो अन्तरराष्ट्रीय पर्यटकों को आकर्षित करते हैं। इसके अलावा, यह क्षेत्र अपनी भाँग के लिए भी जाना जाता है।*

# कन्धमाल की यात्रा

कन्धमाल के ज़िला मुख्यालय फूलबनी के लिए सिर्फ़ बस मिलती है; भुवनेश्वर से न तो कोई रेलगाड़ी है और न ही परिवहन का कोई अन्य साधन। लेकिन, कन्धमाल का गाँजा ओडिशा में सबसे अच्छा माना जाता है; धूम्रपान करने वालों का कहना है कि ऐसा इसलिए है क्योंकि वहाँ का मौसम ठंडा है, और इसका गाँजे की ताक़त से भी कुछ लेना-देना है। (दिलचस्प बात यह है कि कन्धमाल की हल्दी भी ओडिशा में सबसे अच्छी मानी जाती है और बाक़ी देश में भी इसे बेहतरीन माना जाता है।)

राज्य परिवहन की बस शाम क़रीब 4.45 बजे रवाना होने वाली थी। मैं लगभग एक घंटा पहले पहुँच गया था, इसलिए मैं एक सरकारी लाइसेंस प्राप्त भाँग की दुकान की तलाश में निकला, जिसके बारे में मैंने सुन रखा था। मुझे बताया गया था कि यह बस स्टॉप की बग़ल में एक गली में है, लेकिन जब मैं मौक़े पर पहुँचा, तो मैंने पाया कि इसे एक नए बस टर्मिनस के निर्माण के लिए अन्य मकानों-दुकानों के साथ ध्वस्त कर दिया गया है। मैंने आसपास पूछा तो पता चला कि विक्रेता अब बस स्टैंड के ठीक बाहर खड़े होकर एक बैग ही से भाँग बेचता है।

मैंने देखा तो वह कहीं नज़र नहीं आ रहा था।

'चाय पीने गए होंगे,' पूछने पर एक फेरीवाले ने कहा और कन्धे उचकाए।

मैं वापस मानवता के कोलाहल के बीच बसे उस अस्थायी बस स्टॉप पर गया। वह धूल और कचरे से भरा था, पेशाब की गंध चतुर्दिक फैली थी और बैठने के लिए कोई जगह नहीं थी, क्योंकि शहर नए 'विश्वस्तरीय' बस टर्मिनल की प्रतीक्षा कर रहा था। राज्य परिवहन विभाग के प्रतीक्षालय में 20 से कम कुर्सियाँ थीं और शौचालय या पीने के पानी की कोई सुविधा नहीं थी।

लेकिन, राहत की बात यह थी कि कम से कम हम समय पर यात्रा शुरू कर सके। यह पाँच घंटे से अधिक की क़रीबन 200 किलोमीटर की यात्रा होगी। मैं तब तक सोता रहा जब तक झगड़े की आवाज़ ने मुझे जगा नहीं दिया। बाहर, चाँदनी में पहाड़ियाँ नहा रही थीं। बस के अन्दर, एक पुरुष और महिला इस बात पर लड़ रहे थे कि पुरुष पूरे धन पर कैसे अपना क़ब्ज़ा रखता है और महिला के पास एक पैसा भी नहीं छोड़ता है। फिर उत्तेजित महिला ने उल्टी कर दी, और बदबू ने मुझे भी लगभग निष्क्रिय कर दिया। उसके बाद उनका झगड़ा फिर शुरू हो गया।

मैं सोच रहा था कि मैं अगले कुछ घंटे कैसे इस रेलमपेल में बिताऊँगा, लेकिन अगले स्टॉप पर, महिला प्लास्टिक की थैली में अपनी उल्टी लेकर उतर गई। इसके बाद बदबू और शोर, दोनों ही कम हो गए।

बस कुछ और स्थानों पर यात्रियों को चढ़ाने और उतारने के लिए रुकी। लोग उतर रहे थे, सड़क के किनारे पेशाब कर रहे थे, चाय-पकौड़े

और सिगरेट खा-पी रहे थे, और आख़िरकार हम शाम को लगभग दस बजे फूलबनी पहुँच गए।

मैं एक सर्द शाम में गर्म बस से बाहर निकला। आबकारी विभाग के कर्मचारी मुझे सर्किट हाउस ले जाने के लिए एक आरामदेह कार के साथ बस स्टैंड पर मौजूद थे। हम रात के खाने के लिए कुछ नान और तरकारी पैक करवाने के लिए एक छोटे-से रेस्तराँ में रुके।

सर्किट हाउस में, केयरटेकर ने पूछा कि मुझे किसने भेजा है और फिर पुष्टि करने के लिए फ़ोन पर किसी से बात की। शायद वह फिर भी मेरे बारे में पूरी तरह से निश्चित और निश्चिन्त नहीं था, क्योंकि उसने मुझे पूरे सर्किट हाउस में उपलब्ध सबसे ख़राब कमरा दिया। मुझे उसे बताना पड़ा कि मैं ज़िले के वरिष्ठ अधिकारियों को जानता हूँ, और उनमें से एक ने ही अपने कर्मचारियों को सर्किट हाउस में मेरे लिए एक कमरा बुक करने के लिए कहा था। इस तरह की धौंस हमेशा काम करती है, और इस बार भी ऐसा ही हुआ। मुझे एक वीआईपी कमरे में ले जाया गया। (प्रत्येक सर्किट हाउस में कम से कम तीन प्रकार के कमरे होते हैं : एक आम लोगों के लिए, एक वीआईपी लोगों के लिए और दूसरा वीवीआईपी के लिए। जगह रहने पर कुछ सर्किट हाउसों में ड्राइवरों और अन्य सुरक्षाकर्मियों के लिए डॉरमेटरी भी होती है जो वीआईपी और वीवीआईपी के साथ आते हैं। बिना किसी अपवाद के पूरे भारत में यही स्थिति है)।

शायद केयरटेकर अपनी 'ग़लती' के बारे में शर्मिंदा था, क्योंकि जब मैं खाना खा रहा था तो वह इधर-उधर घूमकर और बातचीत करने की कोशिश कर रहा था। उसने मुझे बताया कि किस प्रकार बड़ा साहब

और मैडम—जिससे उसका आशय शायद ज़िला कलेक्टर और उनकी पत्नी से था—उसे बहुत पसन्द करते थे।

'वे अपने कुत्ते के साथ यहाँ आए थे,' उसने कहा, 'मैंने उनकी पूरी देखभाल की। और कुत्ता, सर, एक लैब्राडोर, वह मुझसे तो बहुत प्यार करने लगा, दरअसल वह मुझे सर या मैडम से भी ज़्यादा प्यार करने लगा। साहब को यह पसन्द आया। उन्होंने कहा भी कि मुझे उनके बँगले में जाकर कभी-कभी कुत्ते को देखना चाहिए। लेकिन मैं कहाँ जा सकता हूँ, सर? कितनी बार जा सकता हूँ! यहाँ इतना काम है। लेकिन मैं एक बार गया था, हाँ, और कुत्ते ने मुझे पहचान लिया! वह मुझे देखकर बहुत ख़ुश हुआ।'

कुछ देर रुकने के बाद वह फिर बोलने लगा : 'मुझे नहीं पता था कि आपको किसने भेजा है, सर, वरना मैं आपको सबसे अच्छा कमरा दे देता, सर।'

'क्या मुझे एक कप चाय मिल सकती है?' मैंने पूछा।

'क्या आप ग्रीन टी लेना चाहेंगे, सर? अब हमारे पास यह चाय उपलब्ध है। हर कोई ग्रीन टी पीता है, सर।'

उसने मुझे सर और मैडम और लैब्राडोर के साथ ख़ुद की कुछ तस्वीरें दिखाने की कोशिश की, लेकिन शायद वह बहुत नशे में था, क्योंकि वह उन चीज़ों पर फुफकारता और गुर्राता रहा जो उसने पागलों की तरह स्वाइप करते हुए दिखाईं।

रात मेरे लिए ठंडी थी, और हालाँकि मेरे पास एक चादर और एक कम्बल था, मैं वास्तव में गर्म नहीं हो पाया था। सुबह की शुरुआत पेट ख़राब होने से हुई, इसलिए मैंने नाश्ता नहीं करने का फ़ैसला किया

और अपने शरीर को हाइड्रेट करने के लिए केवल ग्रीन टी और पानी लिया क्योंकि मेरे सामने एक पूरा लम्बा दिन पड़ा था जिसमें मुझे पैदल चलना था। मैं एक बढ़िया गर्म स्नान चाहता था, लेकिन गर्म पानी नल तक ही सीमित था। यह एक वीआईपी कमरा नहीं हो सकता है, मुझे एहसास हुआ, लेकिन कोई बखेड़ा करने के लिए अब बहुत देर हो चुकी थी। मैंने एक बाल्टी गर्म पानी लेकर स्नान कर लिया।

आबकारीकर्मियों की प्रतीक्षा करते समय, मैंने कुछ पिल्लों और उनकी माँ को सर्किट हाउस के केयरटेकर के साथ खेलते देखा। सफ़ाई करने वाली महिला ने मुझे बताया कि वह कुत्तों के लिए हर दिन बिस्कुट पर लगभग 30 रुपये ख़र्च करती है।

सुबह 8.15 बजे, आबकारी विभाग का एक अधिकारी आया, और हम लगभग 45 मिनट की दूरी पर मौजूद गोछापाड़ा पुलिस स्टेशन के लिए रवाना हुए। वहाँ, कुछ पुलिस अधिकारियों के साथ-साथ लगभग 25 डीवीएफ जवानों और 10 या 12 मज़दूरों और आबकारी विभाग के अन्य कर्मचारियों का एक समूह भी हमारे साथ शामिल हो गया। गाँजा काटने वाला यह दल तीन जीपों और एक मिनीबस में कुडाली नाम के एक छोटे-से गाँव की ओर रवाना हुआ। पहले पक्की सड़कों पर लगभग 20 किलोमीटर और फिर कीचड़ वाली सड़कों पर दस किलोमीटर की दूरी तय की गई। कारवाँ गाँव के अन्त में एक खुले मैदान में एक स्कूल के पास रुका, जहाँ टीम के कुछ सदस्यों ने खाना पकाने के लिए बस से राशन उतारा, जबकि बाक़ी ने छह झाड़ी काटने वाली मशीनों को उतार दिया। स्कूल इसलिए चुना गया था क्योंकि यहाँ ट्यूबवेल था और पानी आसानी से उपलब्ध था।

फिर, गाँजा काटने वाली टीम ने गाँव के बाहरी इलाक़े से पहाड़ियों की ओर चलना शुरू किया, उनके पीछे डीवीएफ़ जवान सुरक्षा के लिए चल रहे थे। लगभग दो किलोमीटर चलने के बाद, टीम को पेड़ों से घिरी एक पहाड़ी पर डेढ़ एकड़ का लगभग तैयार गाँजे का खेत मिला।

गाँजे के खेतों की यह शुरुआत भर थी। इस और ऐसी दूसरी पहाड़ियों पर और भी भूखंड बनाए गए थे, और ये सभी साल के पेड़ों के बड़े हिस्से को साफ़ करके बनाए गए थे। हरेक साफ़ पैच के आसपास पेड़ों को वैसा ही छोड़ दिया गया था, शायद एक छलावरण के रूप में।

पहाड़ी झरनों की धाराओं में कहीं-कहीं पानी लाने के लिए सबमर्सिबल पम्प लगे थे; भूमिगत बिजली के तार भी थे। टीम के कुछ सदस्यों ने पानी के कनेक्शन नष्ट कर दिये।

एक समय, जब एक नाले के पास गाँजा बागान के छोटे से टुकड़े की खेती नष्ट की जा रही थी, तो एक महिला दौड़ती हुई आई और उसने गाँजे के कुछ पौधे छोड़ने की भीख माँगी ताकि वह कम से कम अपने निवेश को वसूल कर सके, जिसकी राशि उसने 5000 रुपये बताई थी। 'मेरे दो बच्चे हैं, सर,' उसने मुस्कुराते हुए कहा, 'मैं उन्हें बेहतर जीवन देने के लिए गाँजे की खेती कर रही हूँ। कृपया इस वर्ष के लिए कुछ छोड़ दें; मैं अगले साल फिर ऐसा नहीं करूँगी। पिछले साल भी आपने मेरे गाँजे के सारे पौधे नष्ट कर दिये थे।'

मुझे लगता है कि उसके चेहरे पर जो मुस्कान थी वह पहले से ही थकी हुई गाँजा काटने वाली पार्टी को नरम करने के लिए थी। इसने काम कर दिया। पुरुषों ने गाँजे के कुछ पौधों को छोड़ दिया।

ज़मीन के एक दूसरे टुकड़े पर आलू, प्याज़ और मूली लगाई

गई थी। उसके बग़ल में, एक खजूर की छाया के नीचे एक झोंपड़ी में, एक बूढ़ी औरत बैठी थी। एक युवती लकड़ी की आँच पर प्याज़ के साथ ताज़ा कटी हुई मूली पका रही थी। मैंने उसके साथ बातचीत शुरू करने की कोशिश की और उसे मूली के लिए दस रुपये की पेशकश की, जिसे उसने बहुत हिचकिचाहट के साथ लिया। मैंने सोचा कि उससे महिलाओं को गैस सिलेंडर देने की सरकारी योजना के बारे में पूछूँ, लेकिन बाद में मैंने यह विचार छोड़ दिया। वह बहुत मिलनसार नहीं लग रही थी। आख़िर हम घुसपैठिए थे।

जब हम काम पर वापस आए, तो एक और बूढ़ी औरत ने हमसे कुछ गाँजे के पौधे छोड़ने की भीख माँगी। उसने मुझे बताया कि वे कोंध थे, और ये पहाड़ियाँ हज़ारों सालों से उनका घर थीं। 'लेकिन हमारे पास इसे साबित करने के लिए कोई काग़ज़ात नहीं हैं,' उसने कहा, 'सरकार काग़ज़ात चाहती है। ज़मीन क्या काग़ज़ात देती है? वे हमें हमारी ज़मीन से बाहर निकाल देते हैं, वे कहते हैं कि हमारे पास काग़ज़ात नहीं हैं। फिर हमें जंगल में आना होता है।'

मैंने उसका नाम पूछा।

'मैं आपको अपना नाम क्यों बताऊँ? मुझे आप पर भरोसा क्यों करना चाहिए? आप हमें जंगल में खदेड़ देते हैं, और फिर जब हम जीवनयापन करने की कोशिश करते हैं, तो आप मेरे खेत नष्ट करने के लिए अपनी मशीनों के साथ आते हैं। सरकार ने हमें क्या दिया है? तो जाओ, यह सब काट दो, सब कुछ नष्ट कर दो, फिर हमें अकेला छोड़ दो और चले जाओ।'

इस बीच, मज़दूर उखड़े हुए पौधों पर काम कर रहे थे, सबसे

अच्छी कलियों को चुनकर उन्हें कैंची से काटकर बैग में डाल रहे थे। आबकारी अधिकारी ने समझाया : 'मज़दूरों को इस मेहनत के लिए लगभग साढ़े तीन सौ रुपये मिलते हैं, लेकिन अगर उन्हें कुछ गाँजा मिलता है, तो वे इसे स्थानीय बाज़ार में बेच सकते हैं और अच्छा पैसा कमा सकते हैं।' उन्होंने गहरी साँस ली और आगे कहा : 'शायद यही एकमात्र कारण है कि हम मज़दूरों को लाने और यह काम करवाने में कामयाब हो पाते हैं। उन्हें आदिवासियों द्वारा शापित होना पसन्द नहीं है।'

मज़दूरों में से एक ने मुझे 'गाँजा कली' बनाने की विधि समझाई : 'सर, पहले आप पौधों से सबसे अच्छी कलियाँ चुनें। एक बार जब पत्तियाँ पीली पड़ने लगें, तो आप उन्हें एक या दो दिन के लिए छाया में लटका दें। आपको उन्हें अच्छी तरह से हिलाना है ताकि बीज और फ़ालतू पत्तियाँ गिर जाएँ और फिर उन्हें एक पॉलिथीन बैग में लपेटकर साइकिल के पुराने ट्यूबों से बनी रस्सी के ज़रिये अच्छी तरह से और कसकर बाँधें। उन्हें एक या दो दिन के लिए छोड़ दें जब तक कि फूलों की चिपचिपाहट से वे ख़ुद ही न चिपक जाएँ। फिर जब आप रबर ट्यूब को रैपिंग से खोल देते हैं, तो गाँजा कली तैयार हो जाती है।'

इस बीच, टीम आगे बढ़ी और उनको एक झोंपड़ी के साथ एक और गाँजे का खेत मिला। झोंपड़ी का फ़र्श गाँजे के बीजों से ढका हुआ था, और कुछ गाँजे के पौधे ताज़ा कटी शाखाओं से बने एक पोल बार पर लटके हुए थे। मुझे उत्तेजना बढ़ाने वाली दवा और मिट्टी से बने कंडीशनर का एक पैकेट भी मिला; लेबल पर लिखा था : 'एसएयू/आईसीएआर संस्थानों, कृषि और किसान कल्याण मंत्रालय, भारत सरकार द्वारा अनुशंसित'।

दोपहर क़रीब थी। कुछ डीवीएफ़ जवान एक नाले में नहा रहे थे जबकि अन्य पहरा दे रहे थे। पहली बार इस यात्रा के दौरान मैंने महसूस किया कि हमारे साथ चल रहे डीवीएफ के जवानों के पास बुलेट प्रूफ़ जैकेट या हेल्मेट नहीं था; उनके पास केवल वॉकी-टॉकी और बन्दूक़ें और गोलियाँ थीं। शायद उन्हें किसी परेशानी की आशंका नहीं थी।

जब तक टीम ने लगभग 40 एकड़ गाँजा नष्ट किया, तब तक दोपहर के 2.30 बज चुके थे और स्कूल के पास बेस पर वापस जाने का समय हो चुका था, जहाँ टीम के कुछ सदस्य हम सभी के लिए खाना पकाने के लिए रुके हुए थे।

45 मिनट की पैदल यात्रा हमें वापस बेस पर ले आई, जहाँ हम ज़मीन पर बैठे और डिस्पोजेबल प्लेटों से चावल, दाल, चिकन करी और सलाद का भोजन किया। खाने के बाद, मैंने अपनी इस्तेमाल की गई प्लेट को फेंकने के लिए कोई उपयुक्त जगह खोजने की कोशिश की, तो मैंने एक गाय और एक कुत्ते को बचे हुए खाने के लिए प्रतिस्पर्धा करते देखा; आख़िरकार, वे एक ही प्लेट से खाने लगे। दो जवान एल्युमिनियम के उन बड़े बर्तनों को धोने के लिए पास ही पानी की एक धारा में ले गए जिनमें खाना पकाया गया था।

अपने अगले गंतव्य की बस पकड़ने के लिए फूलबनी लौटते समय, आबकारी विभाग के अधिकारियों में से एक ने मुझे एक कहानी सुनाई। एक रात, वे—उसी सड़क पर जिस पर हम अब यात्रा कर रहे थे—गाँजा तस्करी के सन्देह में एक कार को रोकने के लिए खड़े थे। उन्होंने सड़क को अवरुद्ध कर दिया था, लेकिन कार नहीं रुकी; वह तेज़ी से आबकारी विभाग के वाहन में जा टकराई। आबकारी टीम

के लोग दंग रह गए; उनमें से एक घायल भी हो गया। इससे पहले कि वे सदमे और अचरज से उबर पाते, सन्दिग्ध वाहन अँधेरे में ग़ायब हो गया।

बस स्टैंड लौटते समय मैंने देखा कि शानदार कपड़े और धूप के चश्मे पहने कुछ युवक विदेशी शराब की दुकान की बग़ल वाली सड़क पर बीयर पी रहे हैं। धूल-भरी टूटी सड़कों, जंगल और पहाड़ियों में मेरे बिताए हुए समय के बाद यह देखना कुछ अजीब लगा।

# बौध की यात्रा

मैंने बौध और फूलबनी के बीच की 75 किलोमीटर की दूरी बस से तय करने का फ़ैसला किया था। मुझे आगे की रो में सीट मिली। गियरबॉक्स (या इंजन कवर) पर ड्राइवर के बग़ल में प्लेबॉय बनी हेयरबैंड के साथ कॉलेज की यूनिफ़ॉर्म में एक लड़की बैठी थी। मुझे आश्चर्य हुआ कि क्या वह प्लेबॉय क्लब और पत्रिका के इतिहास के बारे में जानती है। शायद नहीं; उसने बस यह सोचा कि बनी प्यारा लग रहा है या यह रंग उस पर फबता है।

बस लोगों को लेने और नीचे उतारने के लिए बार-बार रुकती हुई बौध की तरफ़ बढ़ रही थी। रास्ते में मुझे बताया गया कि एक ज़िला सांस्कृतिक उत्सव चल रहा है और अधिकांश पुलिसकर्मी क़ानून व्यवस्था और यातायात-प्रबन्धन से निपटने में लगे हुए हैं। इसलिए, गाँजा काटने का अभियान अगले कुछ दिनों के लिए रुका हुआ था। लेकिन, मेरे साथ आए सहायक आबकारी अधिकारी ने कहा कि मैं वहाँ के अधिकारियों से मिलने और उनसे बात करने के लिए आबकारी कार्यालय जा सकता हूँ।

मैं शाम को क़रीब सात बजे बौध पहुँचा। एक दोस्त का छोटा

भाई मुझे अपनी बुलेट पर सर्किट हाउस ले जाने के लिए बस स्टॉप पर मौजूद था। वह अपने एक दोस्त को साथ लाया था, इसलिए बाइक पर हम तीन थे, हममें से किसी ने भी हेल्मेट नहीं पहना था। हमने सर्किट हाउस के सामने कॉफ़ी के लिए एक छोटे-से स्टॉल पर बाइक रोकी। मेरे दोस्त के भाई ने मुझे अपने काम के बारे में बताया : उन्हें तम्बाकू और अन्य दवाओं से सम्बन्धित स्वास्थ्य मुद्दों के बारे में जागरूकता फैलाने का काम सौंपा गया था। उन्हें लगा कि मेरी पुस्तक लोगों को ड्रग्स के बुरे प्रभावों के बारे में अधिक जानने और उनसे दूर रहने में मदद कर सकती है। मैंने चाय की दुकान के अन्दर एक छोटे बच्चे को देखा और उससे गोल्ड फ्लेक सिगरेट माँगकर जलाई। मेरे दोस्त के भाई ने इस पर कोई आपत्ति नहीं जताई।

अपनी कॉफ़ी ख़त्म करने के बाद, हम सड़क पार कर सर्किट हाउस पहुँचे। मुझे अब तक के सबसे अच्छे कमरे में ले जाया गया, एक वीआईपी कमरा, क्योंकि इस बार, मुझे ज़िले के एक बड़े अधिकारी के भाई के रूप में पेश किया गया था। रात का खाना भी अच्छा था : मुझे सन्तुला (मसालों के बिना बनी मिश्रित सब्ज़ी करी, ओडिशा का एक स्थानीय व्यंजन) और भिंडी-आलू के साथ रोटियाँ परोसी गईं। मैंने इसे एक कप चाय के साथ पेट के हवाले किया। गाँजे के खेतों और बस की सवारी में एक दिन के काम की धूल को धोने के लिए एक अच्छा, गर्म स्नान लेकर मैं बेहतरीन नींद के लिए बिस्तर पर लुढ़क गया।

नाश्ते—चाय, मटर-आलू करी के साथ उपमा—के बाद अगली सुबह मैं बौद्ध महाराज के पुराने महल में गया। रास्ते में एक मंडली थी। वे सड़क पर नाचते हुए चल रहे थे। मैं पिछली रात के अपने दोस्तों

से मिला, जिन्होंने मुझे बताया कि यह बौद्ध महोत्सव और हॉकी विश्व कप से पहले ज़िला प्रशासन द्वारा आयोजित एक नुक्कड़ उत्सव है। हॉकी विश्वकप राज्य द्वारा दूसरी बार आयोजित किया जा रहा था। मेरे दोस्त के भाई ने मुझे अपनी बुलेट पर महल में ले जाने की पेशकश की। हम पुराने महल में घूमे, वह लगभग खँडहर हो चुका था। हम सिनेमा हॉल के पास से गुज़रे, जो पिछले कुछ वर्षों से बन्द था, और एक पार्क में एक छोटे-से मन्दिर में पुरानी बुद्ध की मूर्ति देखी। फिर आबकारी विभाग से फ़ोन आया कि मैं किस समय ऑफ़िस आऊँगा?

पन्द्रह मिनट बाद मैं आबकारी कार्यालय पहुँचा जहाँ आबकारी विभाग के बड़े अधिकारी मुझसे मिले। एक जूनियर स्टाफ़ ने मुझे कटे हुए फल पेपर प्लेट में रखकर पेश किये।

गाँजा काटने का अभियान हालाँकि रुका हुआ था, लेकिन वरिष्ठ अधिकारी ने मुझे बताया कि वे मुझे शहर से लगभग 20 किलोमीटर दूर गाँजे का एक खेत दिखा सकते हैं। हालाँकि, उन्होंने यह भी कहा कि हमें अन्दर नहीं जाना चाहिए। हम एक जीप में रवाना हुए : आबकारी विभाग के दो जूनियर कर्मचारी, एक ड्राइवर, मेरे दोस्त का भाई और मैं कटे हुए फलों की दो प्लेटों के साथ उसमें बैठे हुए थे।

आगे की यात्री सीट पर बैठे आबकारी कर्मचारी मुझे क्षेत्र में ग़रीबी की कहानियाँ बताते रहे और यह कि कैसे कोई भी इस बारे में कुछ नहीं कर रहा था, कैसे...गाँजे के खेतों में काम कर रहे स्थानीय आदिवासी सरल थे और अपनी सरलता की क़ीमत भी चुका रहे थे। उनके अनुसार, बौध के मूल निवासी लगभग शून्य आमदनी पर जीते हैं। हालाँकि, आदिवासी गाँजे के खेतों में जाते थे, लेकिन उन्होंने पैसा

नहीं कमाया। बिचौलियों ने सबसे अधिक लाभ कमाया, और ग़रीब आदिवासी हमेशा गिरफ़्तार हुए और जेल गए।

सड़क पर लगभग 45 मिनट जीप में और 20 मिनट तक पैदल चलने के बाद, हम एक जंगल में पहुँचे, जहाँ गाँजे की कोई निशानी नहीं थी। हमें केवल कुछ-कुछ जंगली जामुन दिखे, जो मुझे तो बहुत पसन्द आए।

हमारे साथ चल रहे पुराने आबकारी अधिकारी, लेकिन, हार मानने वाले नहीं थे। उन्होंने एक और जगह का सुझाव दिया, इसलिए हम फिर से जीप में चढ़ गए और 30 मिनट या उससे भी ज़्यादा समय तक यात्रा की। फिर हमने एक छोटे-से पहाड़ी पैच को पार किया और लगभग एक किलोमीटर चलने के बाद हमने पूरी तरह से विकसित गाँजे का पाँच एकड़ का एक बागान पाया। बीच में दो छोटी-छोटी झोंपड़ियाँ थीं। अन्दर, धान के पुआल और नीली प्लास्टिक शीट की एक परत के साथ जंगली लकड़ी के टुकड़ों से बने अस्थायी बिस्तर थे। चारों ओर कम्बल और पुरुषों के कपड़े पड़े थे और मिट्टी के चूल्हे में जल रही लकड़ियों से धुआँ निकल रहा था। मैंने इस्तेमाल की गई साइकिल ट्यूबों के साथ लिपटे प्लास्टिक के सीमेंट बैग में भारी मात्रा में गाँजा देखा। सभी स्टॉक भेजे जाने के लिए तैयार थे।

आसपास कोई नहीं था। जंगल शान्त था। हवा पौधों के माध्यम से गाँजे के गाने फुसफुसा रही थी, लेकिन मुझे लगा कि हमें देखा जा रहा है। मैंने उनको लौटने का सुझाव दिया क्योंकि हमारे पास कोई पुलिस एस्कॉर्ट नहीं था। आबकारी अधिकारियों ने भी सोचा कि विवेक वीरता का बेहतर हिस्सा है, और इसलिए हम जीप में वापस चले आए।

चलते-चलते हमने देखा कि एक आदमी जंगल से बाहर आया और चुपचाप खड़ा होकर हमारी जीप को देखने लगा। तभी दो साधु की तरह के मर्द, जिनकी लम्बी जटाएँ थीं और नारंगी गमछे से उन्होंने अपने शरीर का निचला हिस्सा ढक रखा था, साइकिल से हमारी जीप पार करते हुए जंगल की ओर जाते दिखे।

शहर वापस लौटते समय, मुझे कुछ दिनों पहले मलकानगिरी में हुई एक घटना के बारे में बताया गया, जहाँ कुछ पुलिसकर्मियों को ग्रामीणों ने गाँजा काटने की वजह से पीटा था। होमगार्ड में से एक को बाँधकर ग्रामीणों ने बन्धक बना लिया था, फिर पुलिसकर्मियों के एक बड़े समूह ने जाकर उसे छुड़ाया। यह वही क्षेत्र था जहाँ मैं कुछ हफ़्ते पहले गया था।

जैसे ही हमारी जीप जंगल से बाहर निकली, मैंने मलकानगिरी में उस अधिकारी को फ़ोन किया, जिसने मेरी मदद की थी और पूछा कि क्या उनकी टीम का कोई व्यक्ति उस घटना में शामिल था। सौभाग्य से नहीं, उन्होंने कहा। यह कोई और टीम थी जो थोड़ी बदक़िस्मत थी।

मैंने ख़ुद को बहुत भाग्यशाली महसूस किया कि मुझे किसी भी यात्रा में कोई नुक़सान नहीं पहुँचा। आज भी, बौध के गाँजे के खेतों में हम बिना किसी सुरक्षा के केवल पाँच लोग थे, लेकिन हम सकुशल वापस आ गए। जब मैं यह सोच रहा था, मुझे गाँजे की गंध आ रही थी। ताज़ा गाँजा अपनी ख़ुशबू बिखेर रहा था। मुझे बाद में पता चला कि हमारे साथ गए आबकारी के लोगों में से एक गाँजे के खेत से अपने लिए कुछ ले आया था।

आबकारी वालों ने मुझे अपने कार्यालय में अपने साथ दोपहर का भोजन करने के लिए आमंत्रित किया, लेकिन मैंने पहले ही सर्किट हाउस में भोजन का आदेश दे रखा था। मैंने सलाद के साथ फिश करी, दाल और चावल खाया, अपने ठहरने और खाने के लिए सर्किट हाउस केयरटेकर को 680 रुपये दिये, रजिस्टर में हस्ताक्षर किये, थोड़ी देर आराम किया और 4.30 की बस पकड़ने के लिए बस स्टॉप पर आ गया।

भुवनेश्वर लौटते समय बस में हर कोई हॉकी विश्व कप के बारे में बात कर रहा था। एक व्यक्ति ने बताया कि मुख्यमंत्री ने बॉलीवुड अभिनेता रणवीर सिंह और संगीतकार प्रीतम से उनके आवास पर मुलाक़ात की है। एक अन्य व्यक्ति ने कहा कि मुख्यमंत्री ने हॉकी विश्व कप स्थल पर सभी से पूछा था : 'अपनामने खुसी ता?' (क्या आप सभी ख़ुश हैं?)

मुझे आश्चर्य हुआ कि विश्व कप की क़ीमत राज्य को क्या चुकानी पड़ी होगी? कितने सौ करोड़? इस उत्सव से कितने लोगों को लाभ हुआ?

छोटे गाँवों के लोगों के पास शरीर और आत्मा को एक साथ रखने के संसाधन भी बमुश्किल जुट रहे थे, ज़मीन भी मामूली ही थी। उन्होंने कुछ पैसे कमाने के लिए गाँजा लगाया और उसके लिए उन्हें राज्य के कोप का सामना करना पड़ रहा है!

# पुनर्मूषको भव

# पुरी : 2022

मैंने कभी नहीं सोचा था कि किताब लिखने की प्रक्रिया का मतलब उसी बीच रोड पर वापस आना होगा और एक या दो दिन फिर से वही काम करना होगा जो मैंने पहले कई वर्षों तक किया था।

मैं दोपहर में पुरी पहुँचा। मेरा पुराना दोस्त देवा मुझे घुमाने जा रहा था। उसने चाय पीते हुए मुझे चेतावनी दी, 'भाई, पुरी में भाँग का सीन पूरी तरह बदल चुका है। सभी भाँग-लस्सी की दुकानों को बन्द कर दिया गया है। अब तो बस यही है कि किसी तरह चालाकी से भाँग पी लो, और उस पर यह कि इन दिनों अच्छी भाँग भी नहीं मिल रही है।'

वह बताता रहा, 'हमारे इलाक़े में, केवल एक आदमी है जो हर दोपहर अपनी साइकिल पर भाँग लेकर तालाब के पास नारियल के खेत में आता है, और 30 मिनट में पूरी भाँग बिक जाती है। जल्दी चलो वरना हमें अपना कोटा नहीं मिलेगा।'

हम लोग एक लीटर वाली तीन ख़ाली पानी की बोतलें साथ ले गए थे। वहाँ गोची नाम का एक और लड़का हमारे साथ हो लिया। वह भाँग विक्रेता का नियमित ग्राहक था। जब हम तालाब के पास केले के

पौधों के झुरमुट में भाँग बेचने वाले के अड्डे पर पहुँचे, तो पता चला कि वह अभी तक नहीं आया है। हालाँकि, इन्तज़ार कर रहे एक ग्राहक ने हमें आश्वासन दिया कि भाँग रास्ते में है।

उसी दौरान पता नहीं कहाँ से छह-सात दूसरे दीवाने भी वहाँ नमूदार हुए और अब हम सभी एक साथ इन्तज़ार कर रहे थे। भाँग बेचने वाला आख़िरकार एक नीली साइकिल पर सवार होकर आया। हरे रंग की टी-शर्ट, काले शॉर्ट्स और हरी फ़्लिप-फ़्लॉप चप्पलों में एक साधारण नैन-नक्श का आदमी, जिसकी कमर के चारों ओर एक रंगीन गमछा बँधा था। उसकी साइकिल के हैंडल से दो सीमेंट वाले बोरे लटके हुए थे, जिनमें हरे रंग के तरल से भरी बिसलेरी पेट बोतलें भरी हुई थीं। वह भाँग थी, लगभग 40 लीटर।

भाँग विक्रेता ने जल्दी से सीमेंट की उन बोरियों को उतारा जिनमें अब बोतलें थीं। फिर उसने बोतलों में से दो-एक बोतलें और कुछ स्टेनलेस स्टील के गिलास निकालकर हमें परोसना शुरू कर दिया : 20 रुपये में भाँग का एक छोटा गिलास और 30 रुपये में बड़ा। उसका कारोबार बहुत तेज़ी से हुआ। वहाँ जमा लोगों ने भाँग को ऐसे गटका, जैसे वे युगों से इसके प्यासे हों। गोची के चेहरे पर विक्रेता को तीन ख़ाली बोतलें सौंपते हुए बड़ी-सी मुस्कान थी। दूसरों को भाँग का गिलास सौंपने के बीच, भाँग बेचने वाले ने हमारी बोतलें भर दीं।

जैसे ही बोतलें भर गईं, गोची ने उन्हें अपने बैग में छिपा दिया जो वह साथ लाया था और हम तीनों गोची के एक गुप्त ठिकाने पर चले आए। भाँग पीते-पीते देबा और गोची शिकायत करते रहे कि

अच्छा गाँजा मिलना कितना मुश्किल हो गया है और पुरी में सब कुछ कैसे बदल गया है। उन्होंने मुझे गाँजे का एक पैकेट दिखाया जो उन्हें स्थानीय भाँग की दुकान से मिला था। यह अभी भी हरा था, पूरी तरह से सूखा नहीं था। ऐसा लग रहा था कि किसी ने आबकारी विभाग से ताज़ा कटा हुआ गाँजा मँगाया है।

देबा और मैं गोची को उसके ठिकाने पर छोड़कर आबकारी अधिकारी से मिलने आबकारी कार्यालय गए। देबा को जानने वाले अधिकारी ने गर्मजोशी दिखाई और मुझे बताया कि पुरी में अधिकांश भाँग की दुकानें बन्द हो गईं, क्योंकि अब माँग ही नहीं रही। 'युवा अब आम तौर पर शराब पीते हैं, और ब्राउन शुगर की लत भी बड़े पैमाने पर फैल गई है,' उन्होंने कहा, 'इसका हमारे युवाओं पर भयानक प्रभाव पड़ रहा है। मुझे लगता है कि हमें भाँग और गाँजे को वैध कर देना चाहिए; ताकि लोग अन्य ड्रग्स का सेवन न करें, जो न केवल हानिकारक हैं बल्कि ख़तरनाक भी हैं।'

ऑफ़ द रिकॉर्ड उन्होंने हमें बीच रोड की एक लाइसेंसशुदा भाँग की दुकान के बारे में भी बताया, जिसे बन्द कर दिया गया था, क्योंकि दुकान मालिक अब स्थानीय माफ़िया को वसूली के पैसे नहीं दे सकता था।

मैंने अलविदा कहा और बीच रोड इलाक़े के एक होटल में चला गया, जहाँ मैंने एक कमरा बुक किया हुआ था। दोपहर के तीन बज रहे थे, मैं होटल पहुँचा और सुनसान काउंटर पर खड़ा होकर रिसेप्शनिस्ट का इन्तज़ार करने लगा। वह दस मिनट बाद आया और उसने और दस मिनट प्रतीक्षा करने को कहा। उस बीच उसने कुछ कॉल किये और

अपने डेस्कटॉप के माउस और कीपैड के साथ उलझा रहा। आख़िरकार, उसने मुझे मेरा कमरा दिखाया। इसमें अटैच्ड बाथरूम नहीं था। हालाँकि, यात्रा पोर्टल पर मेरी बुकिंग के समय स्पष्ट रूप से टैरेस और एक निजी बाथरूम वाले कमरे का उल्लेख किया गया था। जब मैंने रिसेप्शनिस्ट से यात्रा पोर्टल पर किये गए वादे के अनुसार मुझे एक अटैच्ड बाथरूम वाला कमरा देने के लिए कहा, तो उसने कहा कि यात्रा पोर्टल पर दी गई जानकारी ग़लत है और मुझे अटैच्ड बाथरूम वाला कमरा लेने के लिए 1,100 रुपये और देने होंगे। मैंने उसे यह मसला सुलझाने के लिए अपने बॉस से बात करने को कहा। बहुत हिचकिचाहट के बाद, रिसेप्शनिस्ट ने अपने बॉस को फ़ोन किया।

मैं दूसरे छोर पर बॉस को सुन सकता था। उन्होंने पूछा कि अतिथि भारतीय है या विदेशी? भारतीय मेहमान की बात सुन, बॉस ने रिसेप्शनिस्ट से कहा कि वह मुझे बता दे कि वे इस मामले में ज़्यादा कुछ नहीं कर पाएँगे और मुझे यात्रा पोर्टल से सम्पर्क करना चाहिए या बाथरूम वाला कमरा पाने के लिए अतिरिक्त पैसे का भुगतान करना चाहिए।

मैंने हार मानने से इनकार कर दिया। 'मैं तुम्हारे बॉस से बात करना चाहता हूँ,' मैंने कहा और रिसेप्शनिस्ट ने फ़ोन मुझे थमा दिया।

मेरी याद में इस होटल का मालिक एक लड़का हुआ करता था जिसे मैं अपने बीच रोड वाले वर्षों के दौरान अच्छी तरह से जानता था। लेकिन, यह आदमी उसकी तरह नहीं लग रहा था, इसलिए मैंने फ़िलहाल कमरे के मुद्‌दे पर ही ध्यान दिया। मुझे वह कमरा चाहिए था जिसका यात्रा पोर्टल ने वादा किया था, और मैं कुछ भी अतिरिक्त

भुगतान नहीं करने वाला था। एक लम्बी बहस के बाद, 'बॉस' मुझे बाथरूम वाला कमरा देने के लिए सहमत हुए।

मैं अभी भी उलझन में था—यह आदमी कौन था जिससे मैंने बात की थी? क्या वह मैनेजर था या वास्तव में उस होटल का मालिक था! रिसेप्शनिस्ट ने कहा कि मेरी बात उस होटल के मालिक से ही हुई है और इस आदमी ने हाल ही में होटल के मूल मालिक और बॉस से पट्टे पर ये होटल लिया है।

यह सुनकर मुझे राहत मिली। चलो, मेरी याददाश्त मेरे साथ खेल नहीं खेल रही थी।

होटल के मूल मालिक और मैं पुराने वाक़िफ़ थे और हमने साथ में एक लम्बा रास्ता तय किया था...

मैं लगभग 19 वर्ष का था जब मैं पहली बार इस होटल में आया था। चलिए, इस होटल का नाम होटल एक्स रखते हैं। मैं एक नॉर्वेजियन समूह के साथ यहाँ आया था, जिनसे मैंने समुद्र तट पर दोस्ती की थी। वे छह या सात पुरुष और महिलाएँ लम्बी छुट्टी पर थे और धूम्रपान और शराब पीना पसन्द करते थे। वह नए साल की पूर्व संध्या थी, और उन्होंने मुझे अपने होटल में जश्न में शामिल होने के लिए कहा था।

देर शाम हो चुकी थी। हम सभी पीछे के बरामदे में एक लम्बी मेज़ पर इकट्ठे हुए जहाँ 25 से 30 लोग बैठ सकते थे। बरामदे से, सीढ़ियाँ ऑस्ट्रेलियाई पाइन्स से भरे एक छोटे से रेतीले सेहन तक जाती थीं; फिर, समुद्र तट पर एक छोटा गेट खुलता था। शाम की शुरुआत बहुत सारी सस्ती भारतीय व्हिस्की, बहुत सारी सिगरेट, और फिर बहुत सारे गाँजे के साथ हुई। मैं ख़ुश था क्योंकि यह सब मेरे लिए मुफ़्त था।

फिर, और कई लोग हमारे साथ शामिल हो गए। वह भारतीय पुरुष और महिलाओं का एक समूह था जो अंग्रेज़ी और फ्रेंच बोल रहे थे और पश्चिमी संगीत पर नृत्य कर रहे थे। उन सभी लापरवाह लोगों को देखना बहुत अच्छा था। शराब और धूम्रपान जारी रहा।

एक समय, जब हम मेज़ पर ज्वाइंट बना रहे थे, एक आदमी ने मेज़ पर चॉकलेट की तरह दिखने वाली किसी चीज़ का एक टुकड़ा फेंका और विदेशियों में से एक को इसे रोल करने के लिए कहा। मैंने अपने नॉर्वेजियन दोस्तों से इसके बारे में पूछा, तो किसी ने कहा : 'हशीश'।

मैंने हशीश के बारे में कभी सुना भी नहीं था, पीने की बात तो दूर। मैंने चकित होकर देखा कि 'चॉकलेट' के टुकड़े को तोड़ दिया गया था और चिलम में डाल दिया गया था। चिलम को चारों ओर घुमाया जा रहा था। उससे एक मखमली, मीठी गंध आ रही थी, हम सभी ने गहरे कश लिये, हम और मत्त हो गए और थोड़ा-सा नृत्य और किया।

तो, हम वहाँ थे; रात और चाँद, चाँदनी और तारे, समुद्र और हैश। मैं उस समय लगातार नाच रहा था, जब मेरे जीवन में पहली बार, एक महिला मेरे पास आई और साथ नाचने को कहा। हमने नाचना शुरू किया, और फिर...और कई पुरुष शामिल हो गए...अचानक एक तीखी चीख़ की आवाज़ आई, फिर एक चिल्लाहट आई, जिस आदमी ने हमें हैश दिया था, वह एक दूसरे आदमी को धक्का दे रहा था, मार रहा था और उसे होटल से भाग जाने को कह रहा था। तभी एक वेटर मेरे पास दौड़ता हुआ आया और मुझे सलाह दी कि मैं उस महिला के साथ डांस न करूँ, उससे दूर ही रहूँ, क्योंकि होटल का बॉस उस पर लट्टू

है और वह पागल है। हो सकता है कि वह मुझे भी मारे, ख़ून-ख़राबा भी हो सकता है। जब हम सभी ने ये बात सुनी तो एक पल को सन्नाटा छा गया। फिर, महिला चली गई और संगीत फिर से बजने लगा। हम फिर से मदहोश थे, और नाच रहे थे। पार्टी आधी रात तक चली। हम सभी ने एक-दूसरे को गले लगाया और नए साल की शुभकामनाएँ दीं और आख़िरकार, मेरे नॉर्वेजियन दोस्त अपने कमरों में चले गए।

मैं होटल से बाहर भटकता हुआ अकेला ही घर वापस आया, नशे में झूमता, ज्वाइंट के कश खींचता हुआ।

मैं अगले दिन एक दोस्त को सिगरेट पीते हुए यह कहानी सुना रहा था जब उसने कहा, 'तुम जानते हो कि उस होटल का मालिक कौन है, है ना?'

मैंने ना में सिर हिला दिया।

मेरे दोस्त ने मुझे इस तरह देखा जैसे कि मैं कोई एलियन हूँ। फिर उसने मुझे बताया कि होटल एक्स का मालिक एक दौर के एक बड़े नेता का इकलौता बेटा है।

ठीक तभी, एक कांस्टेबल मेरे पास आया और मुझे सड़क की दूसरी तरफ़ खड़ी पुलिस वैन में आने के लिए कहा। मैंने उससे कारण पूछा, तो उसने कहा, 'बस मेरे साथ आओ। पुलिस बाबू तुमको बुला रहे हैं।'

जब मैं वैन के पास पहुँचा तो 'पुलिस बाबू' ने मुझसे कहा, 'तुम गाँजा कहाँ से लाते हो? सड़क पर धूम्रपान करने की तुम्हारी हिम्मत कैसे हुई? अगर इस सड़क पर फिर से दिखाई दिये, तो मैं तुम्हें सलाखों के पीछे डाल दूँगा।'

मैंने जवाब दिया, 'मुझे सरकारी भाँग की दुकान से भाँग मिलती है। यह पूरी तरह से क़ानूनी है।'

पुलिस बाबू ने चुटकी ली, 'मुझसे बहस मत करो! अगर मैंने फिर से सड़क पर तुमको गाँजा फूँकते देखा तो पैर तोड़ दूँगा।'

क्या यह उस नृत्य का नतीजा था? मैं कभी इसका कारण नहीं खोज सका।

चलिए, वर्तमान में वापस लौटते हैं। आख़िरकार मुझे मेरा कमरा एक संलग्न बाथरूम के साथ मिला, मैंने चेक इन किया, और बीयर पीने और यह देखने के लिए बाहर निकला कि इस पूरे कालखंड में बीच रोड पर क्या बदला है।

पहला और सबसे स्पष्ट परिवर्तन : कोई विदेशी नहीं, केवल भारतीय पर्यटक। सारी सड़क होटलों और रेस्तराँओं से बजबजा रही थी, बीच रोड पर ज़मीन का एक टुकड़ा भी ख़ाली नहीं बचा था।

मैं इसकी उम्मीद तो कर रहा था, लेकिन बदलाव की इस रफ़्तार ने मुझे चौंका दिया।

विदेशियों से शादी करने वाले मेरे कुछ दोस्तों ने ज़मीन ख़रीदी है और ख़ुद के होटल बना लिये हैं, वे और अधिक सम्पत्ति ख़रीदना चाहते हैं। कुछ दूसरे देशों में चले गए हैं, और कुछ अभी भी सड़क पर हैं, खड़े हैं और धूम्रपान कर रहे हैं, माल फूँक रहे हैं और जीवन में कुछ घटने की प्रतीक्षा कर रहे हैं। कुछ घटने की तलाश में वे और अधिक लकवाग्रस्त हो रहे हैं। कुछ घटने की तलाश और प्रतीक्षा... प्रतीक्षा और अधिक प्रतीक्षा। और जीवन उनके हाथ से रेत की तरह फिसलता जा रहा है।

मैं सड़क पर भटकता रहा। ये रहा सिपू। मैंने उसे वर्षों से नहीं देखा है। वह अभी भी मस्त है, हालाँकि सब अच्छा नहीं है।

ये रहा पापू। वह कभी ख़ुशहाल था—भाँग और गाँजा पीने वाला। उसने एक जापानी से शादी की और दोनों के दो बच्चे हुए। या बच्चे कुछ ज़्यादा ही थे? उन्होंने एक साथ एक होटल खोला और, पापू और उसकी जापानी पत्नी के लिए सब कुछ सुनहरा लग रहा था। फिर वह ब्राउन शुगर का आदी हो गया, और सब कुछ रसातल में चला गया। उसने होटल खो दिया। उसकी पत्नी ने उसे छोड़ दिया और बच्चों को लेकर जापान वापस चली गई। वह अभी भी धूम्रपान करता है और प्यार और जीवन में दूसरे मौक़े के लिए समुद्र तट पर इन्तज़ार कर रहा है।

बीच रोड पर एक चीज़ नहीं बदली है : जिस सरकारी भाँग की दुकान पर मैं अक्सर आता था, वह अभी भी वहीं है, और इलाक़े के निवासियों और आगन्तुकों के उतार-चढ़ाव को देख रही है। हालाँकि, पुरानी लहर नहीं मिलती, वह स्पंदन, वह वाइब अब ग़ायब है। हवा में हिंसा तैर रही है। ऐसा तब होता है जब आप नशे में होते हैं, या आप एक साथ बहुत सारी चीज़ों को मिला रहे होते हैं।

~

मुझे यह नया बीच रोड, यह नया पुरी शायद पसन्द नहीं है। पर्यटकों की भीड़ से बचने के लिए, सिपू, देबा और मैं अपने स्कूटर पर चढ़कर बीच रोड से थोड़ी दूरी पर स्थित एक छोटे से सरकारी बार में पहुँच गए। बीयर पीने के बाद नशे में सिपू कहता है, 'मैं भी एक किताब लिखना

चाहता हूँ। इसका नाम होगा—"बयालीस घंटे, नो स्मोक नो फायर"।'

मुझे पता नहीं कि इसका क्या मतलब है? शायद मैंने कुछ ग़लत सुना, या शायद यह वास्तव में कोई गहरी बात कह गया है। शायद मुझे पूछना चाहिए, लेकिन मैं नहीं पूछता हूँ। हम सभी उसका उत्साह बढ़ाते हैं और कहते हैं कि उसे वास्तव में किताब लिखनी चाहिए।

सिपू भी मुझे बताता रहता है कि कैसे लोगों ने उसे लूटा, और अब, उसने सब कुछ खो दिया है, लेकिन वह समाप्त नहीं हुआ है, और, एक दिन, हर कोई उसका भुगतान करेगा। हिसाब उन सबका होगा, जिन्होंने उसके साथ साज़िश की है। उसका कहना है कि सीआईए, रॉ और इंटरपोल उसे ख़त्म करने की साज़िश में शामिल हैं। मैं सुनता रहा, वह चिल्लाता रहा,

'वे मुझे और मेरे परिवार को बर्बाद करना चाहते हैं।

वे मेरा पीछा कर रहे हैं; वे मेरे पीछे पड़े हैं।'

मैं बस उसे पकड़कर बैठना चाहता हूँ, उसे शान्त करना चाहता हूँ, ढाढ़स देकर उसे समझाना चाहता हूँ कि गाँजा, भाँग, शराब और बाक़ी सभी ड्रग्स को छोड़ने का समय आ गया है, जो उसके दिमाग़ से खेल रहे हैं और उसे पागल कर रहे हैं।

मैं चाहता हूँ, लेकिन मैं बस बैठा हुआ बेवक़ूफ़ की तरह सिर हिलाता रहता हूँ। फिर मैंने सिर हिलाना बन्द कर दिया। लेकिन वह अभी भी बोल रहा है। मैं देख सकता हूँ कि वह तर्क सुनने वाला नहीं है। तर्क की सिपू के पास कोई जगह नहीं है। हालाँकि, आज की रात, कार्य-कारण श्रृंखला मेरे लिए भी अजनबी ही है। मैं भी इसे खो रहा हूँ। यह अकेला सिपू नहीं है जो आज ख़ुद को रोक नहीं पा रहा...

कुछ और बीयर और फिर बीच रोड पर वापस। देबा का कहना है कि हमें चलकर एक नए-नवेले रूफटॉप बार को देखना चाहिए, और हम वैसा ही करते हैं; कुछ और बीयर लेते हैं।

फिर, कुछ और पीने, थोड़ा और फूँकने के लिए जगह की तलाश करने हम समुद्र तट पर जाते हैं।

हम एक पान की दुकान के पास से गुज़र रहे होते हैं कि कोई सिपू से पूछता है, 'अरे, तुम क्या देख रहे हो, नशेड़ी?'

हम झगड़े से बस चन्द सेकेंड ही दूर हैं, इसलिए हम अन्दर जाने का फ़ैसला करते हैं। मेरे स्कूटर पर हम और अधिक बीयर और भोजन के लिए होटल एक्स पर वापस लौटते हैं। हम पीते हैं, धूम्रपान करते हैं और बात करते हैं, हम याद करते हैं जब तक कि कर्मचारी हमें शोर कम करने के लिए नहीं कहते हैं ताकि दूसरे मेहमान सो सकें।

इससे सिपू को मौक़ा मिलता है, 'तुमने बाहर उस आदमी को देखा? देखा कि उसने मुझे कैसे क्या कहा? उसने मुझे कैसे गाली दी? वह चाहता था कि मैं उसे मारूँ। वह ऐसा चाहता था क्योंकि उसे ऐसा करने के लिए पैसा दिया गया था। वे मुझे नष्ट करने की कोशिश कर रहे हैं। उनके पास अपने जासूस हैं। वे उन्हें इधर-उधर भेजते हैं। वे मुझे देखते हैं, और जब मैं पीछे मुड़कर देखता हूँ, तो वे मुझ पर हमला करते हैं ताकि वे मुझे जेल में फेंक सकें, सड़ा सकें, ख़त्म कर सकें।'

हम थोड़ी और पीते हैं और फिर सड़क पर जाते हैं, फिर से ज्वाइंट फूँकते हैं। आधी रात को। यह पुराने दिनों की तरह ही है।

जब मैं अपने कमरे में वापस आता हूँ तो मैं लिखना चाहता हूँ, लेकिन मैं नशे में हूँ, भंड हो चुका हूँ, लिख नहीं पाता। मैं सो जाता हूँ, लेकिन मुझे नींद नहीं आती। फिर अचानक ही, मैं नींद की आग़ोश में चला जाता हूँ। और फिर मैं भयंकर हैंगओवर के साथ जागता हूँ। मुझे जूस चाहिए—कुछ साफ़ और ताज़ा, होश बहाल करने वाला, लेकिन होटल में ऐसा कुछ उपलब्ध नहीं है, इसलिए मेरे पास बगीचे में आम के पेड़ के नीचे बैठकर एक कप कॉफ़ी पीने का और फिर नाश्ते के लिए पूरी और सब्ज़ी का ही विकल्प बचता है। मैं होश में आने की कोशिश करता हूँ।

मेरी बग़ल में, युवा भारतीय पुरुषों और एक अकेले इतालवी से भरा एक टेबल है। इतालवी मुझको देखता है, और कहता है, 'ग्रुप ब्रेकफास्ट!' मुझे अहसास होता है कि कुछ भी नहीं बदला है। मुझे लगता है कि पुरी वापस आना आसान है, जिस पुरी में मैंने अपने जीवन के दस साल खोए, लेकिन यही वह पुरी भी है जहाँ मैं कभी ख़ुश था, कभी-कभी बर्बाद। यह वही पुरी है जहाँ मैं एक दिन, एक रात के लिए अजनबियों से मिला; एक दिन, एक रात के लिए दोस्त बनाए। मैं जी पाया। एक अलग तरह का जीवन। बेलौस-बेबाक।

आप अपनी पुरी को अपने साथ ले जाते हैं, कहीं अपने अन्दर। सबके पास एक पुरी है। मेरे पास मेरी पुरी थी...

आप गाँजा फूँकते हैं, और दरवाज़ा खुलता है, आप ख़ुद को दहलीज़ पर पाते हैं। अब आप अन्दर चल सकते हैं, आप बस भंड बने रह सकते हैं, या आप इनसे मुँह फेरकर दूर जा सकते हैं। कई पर्यटक कहते हैं : पुरी लकवाग्रस्त है। लोग यहाँ एक या दो दिन के

लिए आते हैं और महीनों तक रुकते हैं, बिना यह जाने कि वे कितने नशे में हैं।

मैं अपने अतीत की पुरी, अपने दिल की पुरी में फिर से बसने से पहले जल्द से जल्द पुरी से भाग जाना चाहता हूँ।

~

भुवनेश्वर वापस जाने से पहले, मैं फ़िश करी खाना चाहता था। कुछ और सरकारी लाइसेंसशुदा भाँग की दुकानें देखना चाहता था। मैं भाँग की दुकानों की तलाश में शहर-भर में घूमा, लेकिन लगभग सभी बन्द हो चुकी थीं। स्टेशन के पास एक दुकान अभी भी थी और वहाँ गाँजा बिक रहा था, लेकिन वह भी चोरी-छिपे। ग्रांड ट्रंक रोड पर हॉस्पिटल चौराहे के पास एक लाइसेंसी भाँग की दुकान थी। यह दिलचस्प थी, क्योंकि ये दुकान लकड़ी की एक छोटी-सी गाड़ी पर थी, यानी इसे एक मोबाइल भाँग की दुकान कहा जा सकता था।

भाँग और गाँजे के बारे में अब सब कुछ गोपनीय ढंग से होता है, लेकिन ब्राउन शुगर लगभग हर जगह आसानी से उपलब्ध है। मैंने पुरी की सबसे पुरानी भाँग की दुकान खोजने की कोशिश की। यह मन्दिर के पास हुआ करती थी, लेकिन लोगों ने मुझे बताया कि जब सरकार ने हेरिटेज कॉरिडोर शुरू करने के लिए मन्दिर के पास की पुरानी इमारतों को ध्वस्त किया, तो यह भाँग की दुकान भी ऐतिहासिक महत्त्व की कई पुरानी इमारतों के साथ नष्ट हो गई। दुनिया चलती रहती है।

मैं थक चुका था और अब एक गन्दे बार में कॉम्प्लिमेंटरी काले चने के साथ बीयर लेकर बैठा था। भरी दोपहरी में उस बार में इतना

अँधेरा था कि आप अपने सामने बैठे आदमी को भी नहीं देख सकते थे। मेरा अगला पड़ाव श्मशान घाट के स्वर्ग द्वार के पास वाले रेस्तराँ में एक शानदार फिश थाली का भोग लगाना था। लोग कहते हैं कि यदि आपका अन्तिम संस्कार यहाँ किया जाता है, तो आप सीधे स्वर्ग में जाते हैं, इसलिए इसका नाम 'स्वर्ग द्वार' है। यदि आप मछली थाली वाली जगह से सड़क पार करते हैं, तो आप जलते हुए शवों की गंध अपने नथुनों में महसूस कर सकते हैं।

वापस लौटते समय, हमने सड़क के बीचोबीच एक आदमी को देखा, जो किसी नशे में भंड था और सभी राहगीरों को चुनौती दे रहा था।

देबा ने कहा : 'ग़रीब के दिमाग़ पर ब्राउन शुगर चढ़ गया है।'

अब वापस जाने का समय हो गया है। इस दरवाज़े को फिर से बन्द करने का वक़्त। धूम्रपान, शराब पीने, सोने, बस्तियाँ भटकने, धूम्रपान, शराब पीने, रोने, सोने, खाने के चक्र में फँसने से पहले भुवनेश्वर वापस जाने का समय...

अपने स्कूटर पर वापस लौटते समय, मैंने नशामुक्ति केन्द्रों के कई विज्ञापन और साइनबोर्ड देखे। उनके साथ एक नई इमारत को भी देखा, जिस पर लिखा था : 'न्यू लाइफ़ डिडिक्शन सेंटर।'

मैं हाइवे पर एक चाय की दुकान पर रुका। उधर धान के खेतों के पास एक नहर के बग़ल में यह दुकान थी, जहाँ मैंने एक कप चाय और एक सिगरेट पी—बस एक सिगरेट, उसमें और कुछ नहीं था। दुकान की छत से कटकपुरा केले का गुच्छा नारियल की रस्सी से लटक रहा था।

मैंने उस आदमी से पूछा कि क्या केले अच्छी तरह पके हुए और खाने के लिए तैयार हैं?

उन्होंने कहा : 'ये शुद्ध देसी केले हैं, सर, सिंगापुरी हरे केले की तरह नहीं। एक खाओ, और आपको अन्तर पता चल जाएगा, ये इस क्षेत्र के स्वदेशी केले हैं। ये आपको शहरों में नहीं मिलेंगे।'

'मुझे पता है,' मैंने कहा, 'मैं पुरी में ही पैदा हुआ हूँ।'

उसने कहा, 'तब तो आपको पता होना चाहिए कि ये केले कितने अच्छे हैं। दूसरे केलों की तरह इनसे आपको खाँसी नहीं होगी।'

एक-दो मीठे केले खाने के बाद मैंने एक कप चाय और एक सिगरेट माँगी। चाय की चुस्की लेते हुए और सिगरेट के कश लगाते हुए मुझे गाँजे की मीठी गंध आई। चाय बेचने वाला एक अच्छी तरह से रोल किया हुआ ज्वाइंट फूँक रहा था। मैंने उससे ज्वाइंट के बारे में पूछा, तो उसने कुछ कार्डबोर्ड के बक्से निकाले। वे मोमबत्ती के डिब्बों की तरह थे।

'रेडीमेड ज्वाइंट। कई जगहों पर मिलता है।' उसने कहा।

इस चिकने काले कार्डबोर्ड बॉक्स पर 'धुर—प्रीमियम प्री-रोल्ड कोन्स' लिखा था। इस पर यह भी लिखा हुआ था : 'बम साइज़। मेड फ्रॉम अल्ट्रा-थिन पेपर। नॉट फ़ॉर सेल टू माइनर्स।' फ़ॉलो करने के लिए सोशल मीडिया हैशटैग भी दिये गए थे।

एक दूसरे बॉक्स पर लिखा था : 'एटीसी हिमालय। प्री-रोल्ड कोन्स, बम साइज़, मेड विद अल्ट्रा-थिन प्रीमियम पेपर... एमआरपी रु. 15/—(इनक्लूसिव ऑफ़ ऑल टैक्सेज़)'

चायवाले ने बताया कि दो प्रकार के रेडीमेड प्री-रोल्ड कोन बॉक्स

मिलते हैं। पहले प्रकार के अन्दर रेडी-टू-स्मोक गाँजा ज्वाइंट होते हैं और दूसरे में ख़ाली प्री-रोल्ड ज्वाइंट कोन! पहला उन लोगों के लिए था जो रोल करने की जहमत नहीं उठाना चाहते थे, दूसरा उन लोगों के लिए जिनके पास अपने स्रोत थे और वे अपना ज्वाइंट ख़ुद रोल करना चाहते थे।

रेडी-टू-स्मोक कोन 35 रुपये में एक मिलता है, जबकि ख़ाली प्री-रोल्ड कोन का दाम 10 रुपये है।

चायवाले ने कहा, 'इन कोन्स की यहाँ भारी माँग है। कई इंजीनियरिंग, एमबीए और कानून के छात्र—सभी बड़े कॉलेजों के छात्र इन्हें फूँकते हैं। यहाँ तक कि लड़कियों को भी ये पसन्द आते हैं। आपूर्तिकर्ता मेरी तरह की दुकानों पर आकर माल रख जाते हैं, और फिर पता नहीं किस तरह, लेकिन लोगों को जानकारी हो जाती है। वे इसके बारे में जानते हैं, और फिर वे आते हैं और कोन्स माँगते हैं।'

मुझे उन दिनों की याद आ गई, जब सिगरेट-पेपर मिलना बहुत मुश्किल था। बाज़ार में केवल दो या तीन तरह के रोलिंग पेपर उपलब्ध थे : कैप्स्टन, विल्स और चारमीनार। वे सभी छोटे आकार के रोलिंग पेपर थे, और बहुत कम लोग जानते थे कि रोल कैसे करना है। अब, इनकी माँग इतनी अधिक है कि किसी ने इसे खुदरा व्यापार में बदल दिया है!

मैंने अपने सन्दर्भ के लिए कुछ प्री-रोल्ड गाँजा कोन्स ख़रीदे और उस चायवाले को अलविदा कहा।

तभी सच्चाई का एक क्षण नुमायाँ होता है, एक डर कहीं से उठता है कि पुलिस मुझे अवैध ड्रग्स रखने के लिए गिरफ़्तार कर सकती है।

पुरी : 2022

इसके कुछ दिनों बाद, जबकि मैं अपने सम्पादक को पांडुलिपि भेजने वाला था, मेरे ट्विटर फ़ीड पर कुछ उभरा :

> *बोलांगीर। मंडियों में धान की ख़रीद नहीं होने का आरोप लगाते हुए किसानों ने धान की जगह गाँजा उगाने की अनुमति माँगी है। वे ज़िला कलेक्टर को ज्ञापन देकर अनुमति से इनकार करने पर आत्महत्या करने की धमकी दे रहे हैं।*
>
> *@otvnews का #Odisha ट्वीट*

# आभार

मुझे नहीं पता कि कहाँ से, कैसे और किसको धन्यवाद देना है, किस तरह इसे शुरू करना है, लेकिन उन लोगों को बहुत-बहुत धन्यवाद जिन्होंने मेरे जीवन के हर क़दम पर मुझ पर विश्वास किया और उन लोगों को भी जिन्होंने नहीं किया—जिनमें से सभी ने मुझे अपना काम करते रहने और नहीं रुकने के लिए प्रेरित किया।

गाँजे और भाँग का शुक्रिया, सब कुछ के बावजूद, मुझे पागल बनाने के लिए और फिर जीवन में मेरी वापसी के लिए।

मेरे प्रिय मित्र और प्रकाशक रवि का धन्यवाद, जो मुझे लिखने के लिए प्रेरित करते रहे और मेरे लम्बे फ़ोन कॉल लेते रहे, धीरज के साथ घंटों तक मुझे सुनते रहे।

प्रिय जेरी, आभार आपके मूल्यवान इनपुट और किताब के पहले मसौदे को बड़ी सावधानी और धैर्य के साथ सम्पादित करने के लिए।

मेरे प्यार और साथी शताब्दी को धन्यवाद, जो पिछले दस वर्षों से मेरे लिए हमेशा मौजूद है, जबकि शायद यह कठिन रहा होगा, लेकिन, वे अभी भी मुझे चाय और भोजन लगातार मुहैया कराती हैं, मेरे स्वास्थ्य का ख़याल रखती हैं और जिनकी वजह से मेरा जीवित रहना सम्भव होता है।

लेखक हरिहर पांडा, आपकी पुस्तक और उसके भाँग-विषयक सुन्दर अध्याय के लिए धन्यवाद।

मेरी माँ कुमुदिनी को धन्यवाद, जिन्होंने मुझे घर से भागने के लिए कुछ पैसे और सोना दिया।

ओडिशा के आबकारी विभाग का उनके पूरे सहयोग और फील्ड में मेरी देखभाल करने के लिए धन्यवाद।

मलकानगिरी, कोरापुट, रायगढ़, गजपति, कन्धमाल और बौध के ज़िला प्रशासन को धन्यवाद।

धन्यवाद प्रिय मित्रो—निखिल, पवन कल्याण और रविशंकर शुक्ला।

दीपू, पेचा और बीच रोड, पुरी को विशेष धन्यवाद।

## आभार

धन्यवाद लुइस, यह विश्वास जताने के लिए कि मैं एक दिन एक किताब लिख सकता हूँ। धन्यवाद, पॉल और हमारे समुद्र-तटों पर आने वाले सभी आगन्तुकों का, मुझे कई भाषाएँ और जीवन में कई और चीज़ें सिखाने के लिए।